ちょっとしたコツでうまくいく！

発達障害の人のための就活ハック

窪 貴志
高橋亜希子
山本愛子

SE
SHOEISHA

はじめに

発達障害の特性として、得意、不得意の差が大きいという特徴があります。本来、得意、不得意自体は誰にでもあるものですが、発達障害のある人の場合、不得意が生活・人間関係・仕事などに支障をきたすほどの内容として表れることがあります。

発達障害の特性がある人は、就職活動においても、その特性ゆえにうまくいかないことが往々にしてあります。私たちは、そんな就職活動に悩み、不安を抱える発達障害の方を数多く支援してきました。その中で、ちょっとした知識や工夫があることで、見違えるほど就職活動がうまく進む人たちを見たとき、通常の就活本には載っていない、発達障害の特性がある人たちのための知識や工夫をもっと知ってもらいたいと思うようになりました。本書には、そうした就職活動を上手に進めるヒント＝就活ハックがつまっています。

なお、発達障害は大きく「ＡＳＤ（自閉症スペクトラム障害）」、

「ＡＤＨＤ（注意欠如・多動性障害）」、「ＳＬＤ（限局性学習障害）」に分類され、どれか1つの特性だけがある人もいますが、重なり合った特性を持っている人もいます。また、発達障害の特性に当てはまるところがあっても、すべての人に発達障害の診断が下りるわけではなく、診断が下りていなくても、うまくいかないことがあります。本書では、そうした「発達特性によるやりづらさ」に焦点を当て、診断の有無に関わらず、自身の特性に合わせた対策を知って欲しいとの考えから、発達障害ではなく、「発達特性」、「ＡＳＤ特性」、「ＡＤＨＤ特性」、「ＳＬＤ特性」という言葉を使っています。

自分自身の発達特性による得意や苦手を知った上で、ちょっとした工夫を行うことで、就職活動がうまくいき、さらには、社会の中でしっかりと役割を持って活躍することにつながります。本書を参考に、就職活動に不安や困難さを感じている発達特性のある方の就職活動、そしてその後の社会人生活が、実りあるものになることを願っています。

もくじ

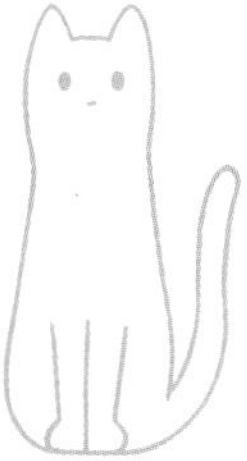

第1章

まず知っておきたい発達特性のお話

「ＡＳＤかも？」という人の傾向は

ここがポイント

- ASDには3つの特性があります。
- 集中力が高い、ルールを順守する、継続性がある、などの強みがあります。
- コミュニケーションや、臨機応変な対応に困難さを感じることがあります。

ＡＳＤの人ってどんな人？

ＡＳＤは、自閉スペクトラム症といい、過去には広汎性発達障害、アスペルガー症候群などといわれていました。現在でもそれらの名称が使われていることが多くあります。ＡＳＤは「社会性（対人関係）」「コミュニケーション力」「想像力」の3つに対して苦手さを持つという発達特性があります。特に、人との関わり方や臨機応変な対応において困難さが発生することがあります。

得意なこと

ＡＳＤ特性のある方の強みとして、集中力が高く、ルールや手順に厳格であるため、繰り返し作業や緻密な作業が得意であることがあげられます。また、自分の関心が高い分野であれば、その分野を深掘りしてデータや文献を調べたり、分析したりすることによって、高い成果を上げることもあります。

さらに、視覚情報に強く細かいところまで目が届くため、データのチェックや間違い探しに対して力を発揮することもあります。責任感が強い人も多く、発達特性と仕事内容がうまくマッチすれば、与えられた仕事を最後までしっかりとやり遂げられるでしょう。

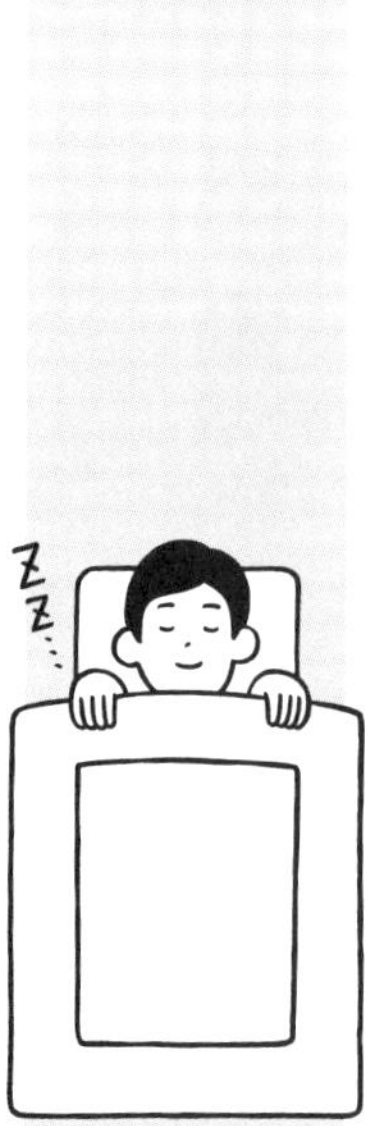

苦手なこと

ＡＳＤ特性のある方の抱える困難さとして、周囲とのコミュニケーションの難しさがあげられます。相手の気持ちが読み取れず一方的に話しすぎて、うまく会話のキャッチボールができなかったり、相手の冗談をそのまま受け取って勘違いを起こしてしまったり。反対に、思ったことをストレートに伝え、相手に不快感を与えてしまうこともあります。

また、ルールや手順が決まっている仕事に対しては強みを発揮する一方で、突然の予定変更が発生すると、とまどってしまってうまく対処できないといったことがあります。さらに、今やっていることのみに集中しすぎた結果、物事を同時並行して進められないということも起こります。これは、優先順位を決めることが苦手、状況を読み取って臨機応変に対応することが難しい、こだわりの強さにより当初のやり方を変えられない、などの発達特性が影響しています。

ASD特性がある方の特徴

- □暗黙のルールを理解するのが苦手である
- □誰かと一緒に行動するのが苦手で、１人が落ち着く
- □正直すぎる、素直すぎると言われる
- □会話がかみ合わない、または一方的になりがちである
- □人の話を聞いて理解するのが苦手である
- □専門用語に関心が高く、難しい表現を使いがち
- □例えや比喩を理解しづらく、言葉通りに理解してしまう
- □相手の気持ちや感情を読み取るのが苦手である
- □こだわりが強い（収集物、物を置く位置、作業の進め方など）
- □１つのことに集中しすぎてしまう
- □ルールに沿った行動が得意である
- □臨機応変な対応が苦手である
- □同時並行での処理がうまく進められない
- □気持ちの切り替えがうまくできないことがある
- □全体を把握するのは苦手だが、細かい点には気がつく

※このリストは発達特性や障害の有無を正式に判断するものではありません。自己分析の参考としてお使いください。

「ADHDかも？」という人の傾向は

ここがポイント

- ADHDは不注意、多動性、衝動性が組み合わさった障害です。
- 興味のあることに関心を持って取り組み、実行することが得意です。
- ケアレスミス、時間管理、集中力のなさ、衝動性で生活に困難さを覚えます。

ADHDの人ってどんな人？

ADHDは注意欠如・多動性障害と呼ばれ、不注意（集中力がない・気が散りやすい）、多動性（落ち着きがない・集中力が続かない）、衝動性（順番を待てない・考える前に行動してしまう）が組み合わさった障害です。通常、幼少期から小学校の高学年頃までには何らかの症状が現れ、周囲の人が発達特性に気づくことが多いです。年齢とともに治まってくるケースもありますが、症状が見過ごされたまま大人になる場合もあります。大人になると幼少期とは違う形で困難さが目立ってくることもあります。

得意なこと

ADHD特性のある方は、興味の範囲が広く、興味のあることに対して強い関心を持って取り組むことができます。多動性や衝動性がいい方向に発揮されれば、他人にはない新しいアイデアを考えることができたり、人がためらうことであっても思い切って実行することで、成果を上げたりすることもあります。例えばプレゼンテーション資料作成の納期を守ることは苦手でも、プレゼンテーション自体には素晴らしい能力を発揮する人もいます。また、コミュニケーション力が高く行動力があるため、人付き合いが得意な人も多くいます。

苦手なこと

ADHDには「不注意優勢型」と「多動性・衝動性優位型」があります。

不注意優勢型の場合は、ケアレスミスや、うっかり忘れが多く、時間や書類の管理を苦手とするため、仕事上の大きなミスにつながることがあります。日常生活においても、さまざまなことに関心が向いて、買い物や洗濯などの家事や片付けをやり遂げることができない、ということが起こります。

多動性・衝動性優位型の場合、仕事上、計画性なく衝動的に行動することでチームワークを乱し、周囲との関係がうまくいかなくなることがあります。生活においても周りとペースを合わせて行動できなかったり、ギャンブルや衝動買いをして経済的に困窮したりと、浮き沈みのある人生になることも考えられます。

ADHD特性がある方の特徴

- □持ち物をすぐなくしてしまう
- □締切を守れない
- □時間管理が苦手である
- □同じミスを何回も繰り返してしまう
- □作業の優先順位をつけられない
- □すぐに他のことに注意が向いてしまう
- □順番待ちができない
- □活動的な方だ
- □発想力がある
- □思ったことをすぐに発言してしまう
- □他の人の話をさえぎって話し始めてしまう
- □思い込みで行動してしまう
- □別な作業が気になると、そちらを始めてしまう
- □整理整頓を行うのが苦手である
- □相談せずに独断で重要なことを決めてしまう

※このリストは発達特性や障害の有無を正式に判断するものではありません。自己分析の参考としてお使いください。

「SLDかも?」という人の傾向は

ここがポイント

- SLDは、特定の能力の習得に困難さを抱えます。
- 困難さが伴う能力を使わない、または困難さを補完することで、強みが発揮できます。
- 自身が苦手とする能力を必要とされる場面で、困難さが目立ちます。

SLDの人ってどんな人?

SLDは、限局性学習障害と呼ばれ、「読む」「書く」「計算する」「聞く」といった能力のうち、特定の能力を習得できない状態を指します。全体的な知能の遅れがない点で知的障害とは異なります。SLDは、算数や国語が苦手であるということではなく、例えば「視覚的に文字がぼやけていたり、さかさまに見えたりする」「文字は読めるのに書けない」「数字の持つ順番を認識することが難しい」「人の話を聞きとれない」などといった、認知に凸凹がある状態を指します。

得意なこと

SLD特性のある方は、特定の能力の習得に難しさが伴いますが、逆にいえば、困難さが伴う特定の能力以外は、習得や使用に問題がないケースがほとんどです。そのため、困難さが伴う能力を使わない環境で働くか、あるいは困難さを何らかの方法で補完できれば、問題なく仕事をこなすことができます。聞くことが苦手な場合は、ボイスレコーダーを使って後から確認する、書くことが苦手であれば、パソコンを使うなど、代替方法で解決が図れます。

一方で、苦手があるからこそ、強みが際立つことがあります。例えば、視覚情報に弱く、文書を読むことが難しい人

が、耳から入る情報（聴覚情報）に対しては細かい音の違いまで聞きとれたり、驚くほど飲み込みがよかったりすることがあります。このような自分の得意な能力を活かすことができる仕事環境であれば、活躍できる可能性は高まるでしょう。

苦手なこと

よくある苦手さの例として、「読み書きができない」「計算が苦手」などがあります。例えば「数字の大小が理解できず、計算することが苦手」という人が計算の多い経理の部署に配属されると、できない業務が多く仕事になりません。このように、苦手な能力ばかりが求められる仕事環境においては、力を発揮できない可能性が考えられます。

SLD特性がある方の特徴

- □文字や行を飛ばし読みしてしまう
- □文字がぼやけたり、さかさまになって見えたりすることがある
- □１文字ずつや単語は読めても、文章になると理解できないことがある
- □文字は読めるのに、書けない
- □文字をきれいに揃えて書くことができない
- □誤字脱字や書き順の間違いが多い
- □人の話をよく聞き間違える
- □耳で聞いた言葉を文字にするのが苦手である
- □話しているうちに話が逸れてしまう
- □筋道を立てて話すのが苦手である
- □指を使わないと計算できない
- □図形、表、グラフなどを理解できない
- □数字の大小や数字の記号が理解しにくい
- □時計で時間を把握するのが苦手である
- □作業を時間内に終わらせるよう取り組むのが苦手である

※このリストは発達特性や障害の有無を正式に判断するものではありません。自己分析の参考としてお使いください。

その他の発達特性や傾向のお話

ここがポイント

- 感覚に過敏さや鈍感さを抱える発達特性のある方もいます。
- 発達性協調運動障害は、体の使い方に不器用さやぎこちなさがある状態です。
- 診断の有無に関係なく、自分自身の発達特性を知り、対策をとりましょう。

感覚の過敏さ／鈍感さ

発達特性のある方の中には、視覚や聴覚、嗅覚、味覚、触覚などの感覚が、敏感または鈍感な方が少なくありません。敏感さの例として「匂いや蛍光灯の光などが気になり集中できない」といったこと、鈍感さの例として「温度に対する感覚が鈍く、いつの間にか体調不良に陥ってしまう」といったことがあげられます。敏感さ／鈍感さへの対処としては、苦手なところに近づかない（聴覚への敏感さの場合は騒音がする場所）、影響を受けないように道具を活用する（光が気になるのであればサングラスを使う）、見てわかる指標を参考にする（温度への鈍感さの場合は温度計を参考に空調を調整）などが考えられます。

発達性協調運動障害

発達性協調運動障害とは体の使い方に不器用さやぎこちなさがあることで、動作を規則的に行うことが苦手だったり、手先を使う作業が苦手だったりします。例えば、「手足が別々の動きをする体操が苦手」「はさみを使うことが苦手」といったことがあげられます。対策として、体を動かすことを楽しむ機会を積極的につくったり、運動の専門家からのアドバイスを受けたりすることも有効でしょう。また、自分に合った道具を活用することも効果的です。例えば、はさみをうまく使えない場合は、他のはさみや、カッターなどの種類が異なる道具を

試すなど、使いやすい道具を探してみましょう。

発達障害グレーゾーン

発達特性に当てはまるものの、医師から診断が下りていない状態の人、または、まだ診察を受けていない人に対して、「グレーゾーン」という言葉が使われることがあります。正式な医学用語ではありませんが、しばしば耳にする言葉です。そもそも、発達特性への当てはまり方は人によって異なります（浅く広く当てはまる、深く狭く当てはまるなど）。発達障害には診断基準こそあるものの、発達特性のある人すべてに診断が下りるわけではないのです。しかし、診断されないからといって、生きづらさがないとは限りません。診断の有無に関係なく、自身の発達特性を理解して適切な対策をとり、生きやすさにつなげていきましょう。

その他の発達特性や傾向がある方の特徴

感覚の過敏さ/鈍感さ

- □視覚、聴覚、嗅覚、味覚、触覚のいずれかが、敏感すぎたり、鈍感だったりする
- □疲れやストレスに気づきにくい
- □人よりも特異な感覚があると感じる（視覚、聴覚など）
- □気圧、気温の変化で体調が左右される
- □食べ物の好き嫌いが多い（臭いの強いものや食感が合わないもの）

運動障害

- □バランスを取ることが苦手で、よく転ぶ
- □手先が不器用で、細かい作業ができない
- □球技や体操などを行う際に、ぎこちない動きになる
- □はさみを使うのが苦手である
- □ボタンをかけることが苦手である

※このリストは発達特性や障害の有無を正式に判断するものではありません。自己分析の参考としてお使いください。

コラム

ロールモデルを見つけよう

同じ悩みを持つ人とは出会いにくい

発達特性のある方の場合、自分でどのように課題解決をしていけばいいかわからなかったり、周囲に理解されないもどかしさを抱えていたりします。

発達特性は多種多様で、仕事内容や年代、就職や転職に至るまでの契機や悩みも違います。発達特性のある方の場合、自身の発達特性を周囲にオープンにしている人は少ないため、同じ悩みを持った人とは出会いにくいでしょう。したがって、苦手なことにどう対策したのか、そして、どのようにして就活を成功させたのかを直接知る機会は少ないのが現状です。

ロールモデル探しのポイント

ロールモデルとは簡単に言えば「お手本になる人」のことです。同じような悩みを抱える人を知ることで、課題の解決方法が見つかったり、将来への希望が見えてきたりします。

ロールモデルを見つけるおすすめの方法を2つご紹介します。1つは、発達障害のある方が書いた本やブログ、SNSを読むことです。最近は発達障害のある方が自身の経験をもとに情報を発信することが増えました。その中には、過去から現在に至るまでの人生や、就職活動の経験談、悩みにどう対処してきたのか、などが書かれていることがあります。

2つ目は発達障害の当事者会に参加することです。当事者会には、一方的に話を聞くだけでなくいろいろと意見交換できる種類のものや、発達障害の診断が下りていなくても参加できるものもあります。具体的に参考にできそうな人に直接話を聞くことができるかもしれません。

ロールモデルを見つけたら

その人のすべてを参考にするのが正解ではありません。人それぞれ理想の姿やおかれた環境は異なります。完璧なロールモデルは存在しないことを理解しておきましょう。例えば、仕事の仕方はAさん、コミュニケーションの取り方はBさんといったように複数のロールモデルを持つことで、参考にできる内容の幅は広がるでしょう。

第2章

就職活動を始める前に

就職活動／転職活動の全体の流れを知っておこう

ここがポイント

- 一般的な採用の流れとして、事前準備後、個別企業のエントリーに進みます。
- 採用活動が活発化する時期を狙うと応募できる求人数が増えるでしょう。
- 求人を探す方法は数多くありますが、自分に適した方法で進めましょう。

知っておきたいキホンの流れ

一般的な就職・転職活動では、事前準備（自己分析や自己PRの作成、業界や企業分析など）を行った後に、企業説明会への参加や個別企業の求人にエントリーを行います。その後、選考（筆記試験、面接、グループディスカッションなど）に進む流れになります。左図を参考にして、就職活動全体のおおまかな流れを覚えておきましょう。

近年は、新卒学生向けのインターンシップの機会が増えつつあります。インターンシップには、就職直結型と、体験型のものがあります。志望度が高い企業が実施する就職直結型のインターンシップには、積極的に参加を検討しましょう。体験型のインターンシップも、自分の適性を知ったり、仕事内容を把握したりするのに有効です。

活発化する時期がねらい目！

企業の採用活動が活発になる時期があります。その時期を狙って就職活動を行い、企業説明会や応募する求人の選択肢を増やしていきましょう。

新卒採用の場合は、新年度の4月入社を想定した採用を行う企業が多いため、採用活動自体は、その1年前の3月頃から本格化します。ただし、業界や企業によっても採用活動の時期は異なるうえ、採用時期を問わない通年採用を行う企業も増えてきているため、希望する業界や企業の採用活動時期を事前に調べておくことが大切です。

転職者の場合は、年度が変わる4月入社を見越して、その直前の1~3月頃に採用活動が活発化する傾向があります。

求人を探すには?

求人を探す方法は数多くあります。求人ナビサイトをはじめとした求人媒体、ハローワーク求人、合同説明会などがあげられます。新卒の場合は、学校のキャリアセンターなどに掲載されている求人も活用できます。それぞれの特徴を理解して、自分に適した方法を考えましょう(67ページ参照)。より深く企業のことを知りたい場合は、興味がある会社のWEBサイトに訪問して詳しい情報を見てみたり、個別の企業が開催する企業説明会に参加したりしてみるのもいいでしょう。

就職活動全体のスケジュール

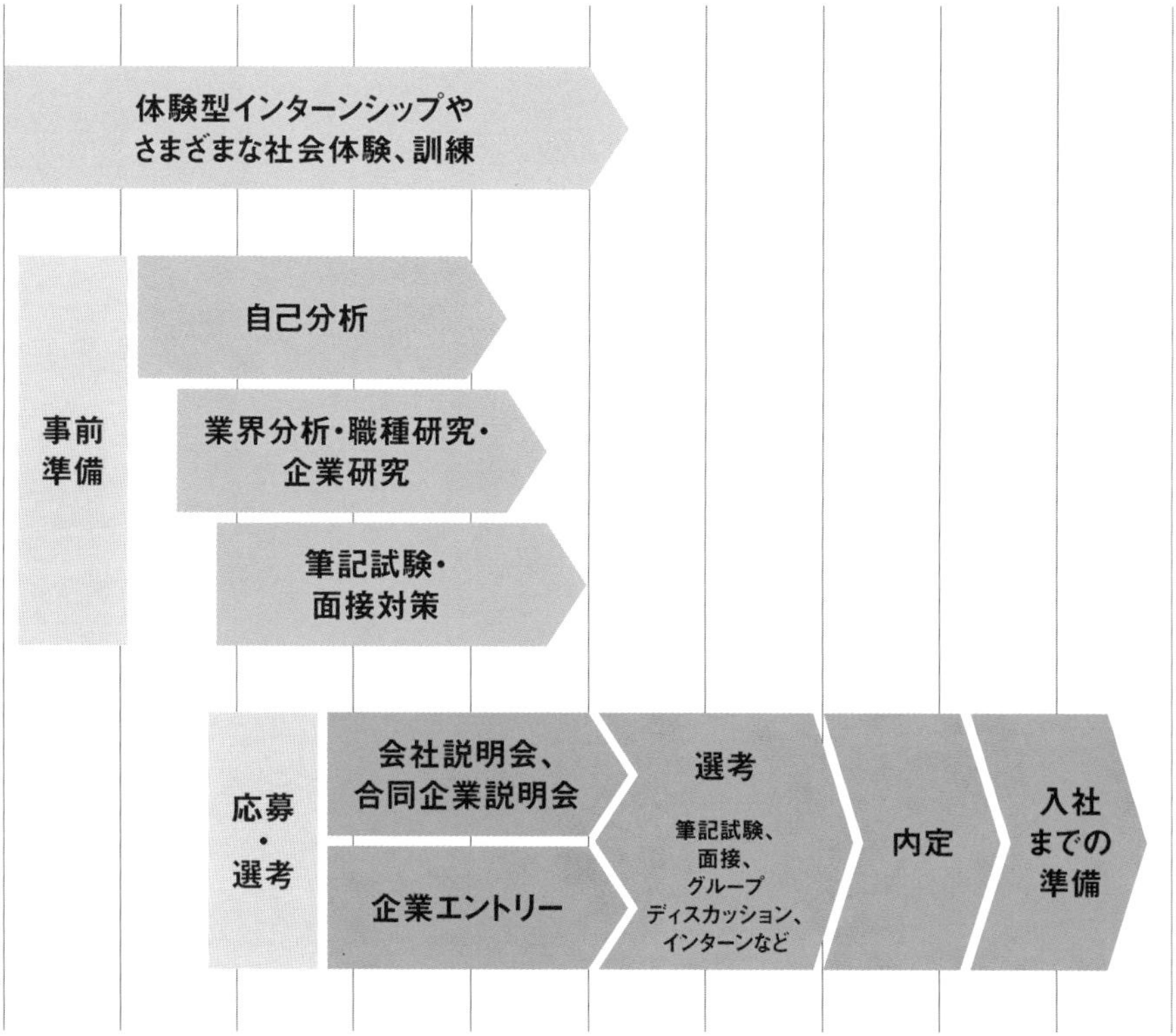

就職活動をする前に知っておきたいこと（学生編）

ここがポイント

- 自身の現在地を把握した上で就職活動にとりかかりましょう。
- 就職活動の準備として、行動を優先順位づけ、社会経験を積むことが必要です。
- 就職活動中は、1つひとつの課題に対応していく視点を持つことが大切です。

自分の現在地を把握しよう

あなたの就職活動の状況は、次の3つの時期のうちどの段階でしょうか。また、何か困りごとはありますか。

・**就活準備中**
学業やアルバイトが中心で、ほとんど就職活動に取り組めていない

・**就活前期**
具体的に準備を始めたものの、就職活動の進め方でつまずいている

・**就活後期**
企業に応募しても選考を通過できず、理由がわからない

就活では自分の現在地を把握し、次にやるべきことを明確にすることが大切です。焦らず、自身の状況を整理することから始めてみましょう。

就職活動に向けて何を準備すればいい？

発達特性のある学生の方にとって、学業と就職活動を同時並行して進めることは簡単ではないでしょう。忙しい時期には、どちらも中途半端になってしまうことがあるかもしれません。学業と就職活動を両立させるためには、志望度が高い企業の採用日程、単位取得のための試験日程といった優先順位が高い予定を優先しましょう。そこから逆算して、準備のための時間も確保していきます。可能であれば、単位取得は早めの時期に行い、余裕を持って就職活動に臨むのが望ましいでしょう。

また、社会経験が少ないと、働くイメージが持てず、自己PR作成に苦労する可能性もあります。余裕があるときに、短期のものでもいいので、アルバイトやインターンシップ、ボランティアをして経験を積んでおくとよいでしょう。

1人で悩みを抱え込まないで！

実際の就職活動に入ると、初めて経験する取り組みを複数並行して行うことになり、混乱してしまうかもしれません。

まずは全体像を把握し、課題がでてきたら1つずつ解決していくようにするとよいでしょう。自分1人だけで解決できそうにない場合は、大学の学生相談室やキャリアセンターの職員、家族など、伴走的にサポートしてもらえる第三者に関わってもらうといいでしょう。

現在位置の把握のために

就活準備中	就活前期	就活後期
学業やアルバイト中心で就職活動に手をつけられない	大人数の就活セミナーなどについていけない	何度やっても面接を突破できない
何から手をつけていいかわからない	どうやって企業を探したらいいかわからない	選考に落ちた理由がわからない
	自己PRや志望動機が書けない	

転職活動をする前に知っておきたいこと（社会人編）

ここがポイント

- 転職活動は、すぐに動くのではなく、しっかり準備をしてから動きましょう。
- うまくいったこと、うまくいかなかったことを整理しておきましょう。
- 自分がおかれている状況を整理し優先順位を決めた上で取り組みましょう。

むやみに動き始めると……

発達特性のある在職者の中には、「現在の職場にうまくなじめずに転職を考えている」「就職・転職しても長続きせず離職・転職を繰り返してしまう」「離職期間が長くなり、転職活動が不安だ」といった悩みを抱えている方も多いと思います。目の前の不安が大きく、すぐにでも転職活動を始めたいと思われるかもしれません。しかし準備をしないまま臨むとなかなか内定が出ず、かえって時間がかかってしまうこともあります。むやみに活動を開始するのではなく、しっかりと準備をしてから動くことが大切です。

今までの経験を分析しよう

現在や過去の職場において、人間関係がうまくいかなかったりミスが多かったりして、仕事をうまく進められなかった経験がある方も多いと思います。そのような場合、うまくいったことだけではなく、うまくいかなかったことも含め、今までの経験を、図のような分析シートに書き込んで整理しておきましょう。

こうした振り返りを行うことで、自分が得意なことや、うまくいきやすい仕事、職場環境を選びやすくなります。反対に、過去にうまくいかなかったことを参考に、「そうした仕事や職場環境がある会社は選ばないようにしよう」といった判断もしやすくなります。また、うま

くいかなかったことの背景となる発達特性や理由がわかると、工夫してうまくいくやり方はないか、具体的な策が立てやすくなります。

離職が先か、転職活動が先か

1人暮らしをしていたり、家族を扶養していたりすると、生活費が気になり、離職をすることに不安を抱える方もいると思います。その場合は、離職した場合に当面の生活が成り立つかを考えた上で、離職してから転職活動をするのか、在職中に転職活動をするのかを決めることが必要になります。ただし、現在の仕事で精神的な負担が大きくなっている場合は、緊急避難の意味も含めて会社を休み、その後、落ち着いてから改めて転職活動を行うことも大切です。自分自身のおかれた現状を踏まえて、優先順位を決めて転職活動を行いましょう。

経験分析シートの作り方

【書き方】
1 時期：出来事がいつ起きたか書く
2 業務内容：どの業務で出来事が起きたか書く
3 場面：どんな場面でどんな出来事が起きたか具体的に書く
4 そのときの気持ち：そのときの気持ちを簡潔に書く
5 背景となる発達特性・理由：背景となっている発達特性は何か書く（第1章を参照）
6 対策：考えられる対策は何か書く（第3章を参照）

記入例

うまくいったこと		うまくいかなかったこと
2018年夏	1 時期	2019年春
事務サポート	2 業務内容	営業の外回り
先輩の手伝いをしながら仕事内容を学んだ	3 場面	お客さんとうまくコミュニケーションが取れず、営業成績が上がらなかった
周りの社員の役に立てて、うれしかった	4 そのときの気持ち	会社にいづらく、つらかった
手順が決められた事務業務に関しては間違いがなく取り組むことができる	5 背景となる発達特性・理由	表情や態度から相手の気持ちを読み取ることが難しい
・手順が決められ正確に取り組むことが評価される仕事につく ・人の役に立てる仕事につく	6 対策	・相手の表情を読み取る練習をする ・お客さんと関わることが少ない職種を選ぶ

効率のいいスケジュールを立て、管理する方法とは？

ここがポイント

- **ASDやADHDの発達特性により、スケジュール管理が苦手な人もいます。**
- **重要度の高い予定から逆算して、目の前で取り組むべきことを決めましょう。**
- **スケジュールやタスクの見える化と振り返りにより、適切に管理しましょう。**

スケジュール管理が苦手な発達特性もある

発達特性がある方の中には、スケジュールを立てたり、管理したりすることが苦手な方もいます。例えば、ASD特性のある方の場合、就職活動全体が見通せない、スケジュールの立て方や具体的に何に取り組むのかがわからない、ということがあります。またADHD特性のある方の場合、スケジュールを立てたとしても、スケジュール管理が苦手で予定を忘れてしまったり、書類提出が間に合わなかったり、といったことが発生します。

スケジュールを立てるコツ

最初に、重要度が高い予定からスケジュールに入れ込んでいくことが大切です。その中でも特に優先したいのは、エントリーシート提出や面接など、日付が明確になっているものです。締め切りに遅れて選考を受けられない、といったことがないように、真っ先にスケジュールに組み込んでおきましょう。

その後、重要度が高い予定から逆算して、目の前で取り組むことを決めましょう。例えば、エントリーシート締め切りに対しては「1週間前までに書類作成に取り組む」といった具体的なタスクに落とし込んでいくことができます。準備にどれぐらいの時間がかかるか、はじめは正確に見積れないことも多いと思いますので、実際の作業を通して見積れるようにしていきましょう。

手帳やアプリを使おう!

スケジュールをいざ実行しようとすると、思い通りに進まないこともあるでしょう。そんなときにできる工夫が、「スケジュールやタスクの見える化」です。手帳やスマートフォンのスケジュールアプリをうまく活用しましょう。さらに、朝起きたら必ず手帳を開く習慣をつけたり、アプリは通知が繰り返しくるよう設定したりすることで、タスクのやり逃しを防ぎます。また、定期的に振り返りの機会を持つことも有効です。スケジュールやタスクを見直して、優先順位を変えたり、この進め方でいいのかを誰かに相談したりすることで、臨機応変に対応することが可能になります。

スケジュールの立て方の例

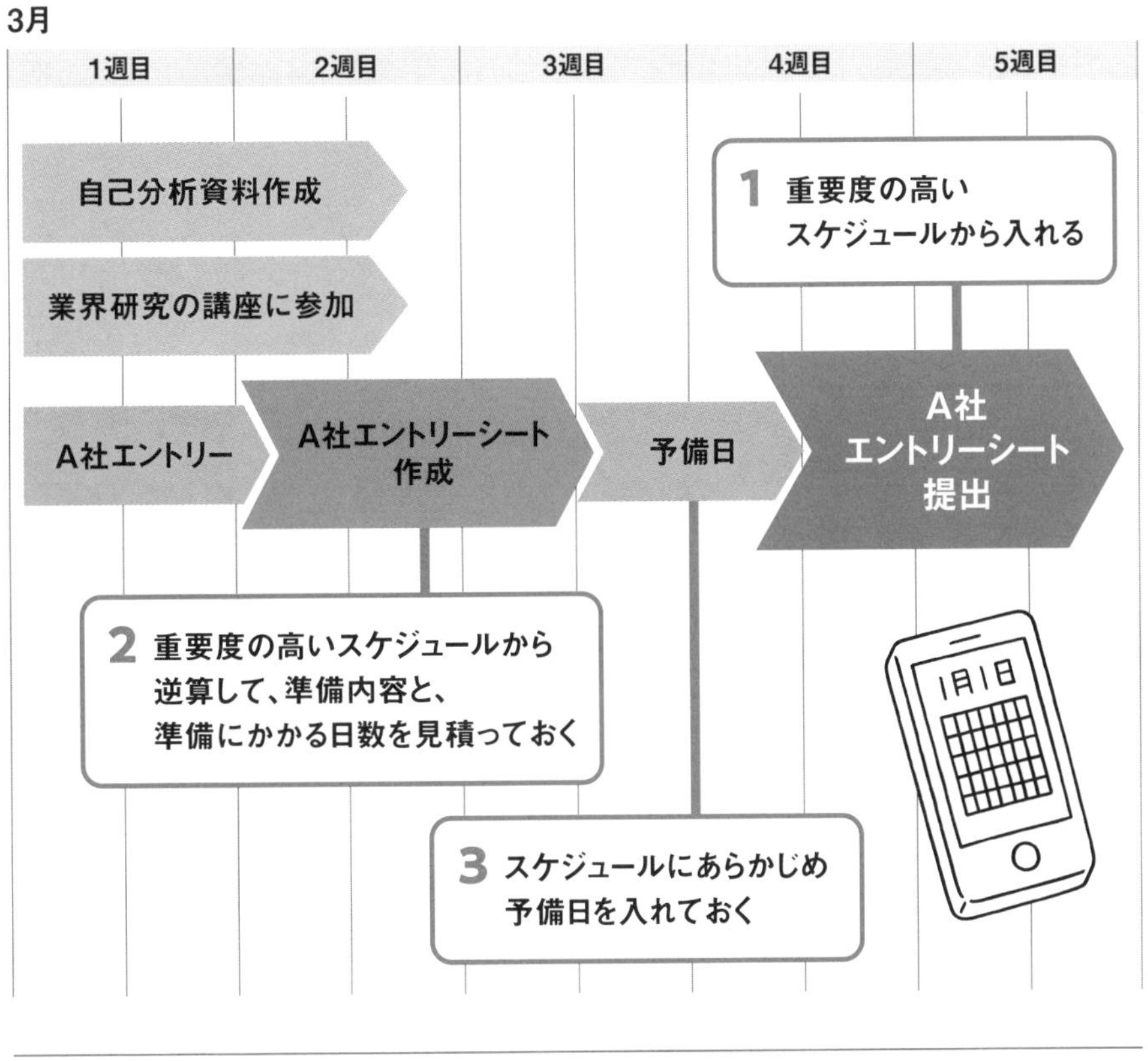

3月
1週目
2週目
3週目
4週目
5週目
自己分析資料作成
業界研究の講座に参加
A社エントリー
A社エントリーシート作成
予備日
A社エントリーシート提出
1 重要度の高いスケジュールから入れる
2 重要度の高いスケジュールから逆算して、準備内容と、準備にかかる日数を見積っておく
3 スケジュールにあらかじめ予備日を入れておく
1月1日

就職活動とお金

ここがポイント

- **就職活動にかかるお金を見積っておきましょう。**
- **就職活動にかかるお金を捻出・節約する方法を考えておきましょう。**
- **収支計画を立てて、お金の出入りを管理しましょう。**

どんなときにお金がかかる?

就職活動には多くのお金がかかるのが現実です。全く就職活動をしたことがなく、企業での勤務経験もない人であれば、最初にスーツや靴、カバンといった身につけるものが必要になります。必要書類を作成したり、オンライン選考に参加したりするために、パソコンやタブレットも必要です。就職活動が始まると、今度は交通費が発生します。オンラインでの実施ではない場合、セミナーや説明会、面接に行くための交通費がその度に必要になります。また、親元から離れていたり、扶養家族がいたりすると、日々の生活費（家賃、光熱費、食費など）も大きくのしかかってきます。

お金を捻出・節約するコツ

既に貯金があればそれを活用できますが、貯金がない場合には、

- **アルバイトや有給インターンをする**
- **家族からの経済的な援助を得る**
- **失業保険を活用する（転職の場合）**

などの捻出方法があります。

また、用意したお金には限りがあるので、節約して使うことが大切です。

- **外出予定は1日にまとめる**
- **必要な小物をフリマアプリで探す**
- **食事は会場近くの大学の食堂を使う**
- **オンラインで開催される選考を選ぶ**

などの節約方法を試してみるのもいいでしょう。

こ

収支計画を立てて取り組もう

就職活動に必要なお金を最初に見積っておきましょう。まず、初期費用としてかかるスーツや靴、パソコンなどを書き出します。次に、毎月かかる生活費（家賃、光熱費、食費など）と企業に行くために必要な交通費を洗い出します。就職活動がどれぐらいの期間かかるかによって必要な費用も変わってきます。自身が想定する就職活動期間よりも少し長めの期間を見積っておくと安心です。

その上で、その金額を貯金で賄えるのか、またはアルバイトなどの収入で補う必要があるのかを考えて、お金の出入りを管理しましょう。想定していた期間よりも就職活動が長引くとさらにお金がかかってしまうこともありますので、できるだけ節約をしながら、就職活動を進めていきましょう。

半年間の就職活動を想定した収支計画の例

支出計画

初期にかかるお金	金額例
スーツ・バッグ・靴など	10万円
証明写真の撮影	1万円
その他小物	1万円
	12万円

都度発生するお金	金額例
交通費（1万円×6カ月）	6万円
食費（1万円×6カ月）	6万円
	12万円

収入

貯金	20万円
アルバイト代（2万円×6カ月）	12万円
	32万円

夏用のスーツ、冬用のスーツ、コートなど、内容によっては、費用がかさむ可能性もある

遠方への移動が発生する場合は、多めに見積っておく

アルバイトで忙しくなり、就職活動に専念できなくなってしまってはいけないので、無理のない範囲で実施する

思わぬ費用がかかる可能性あり。余裕を持った計画にしておくと安心

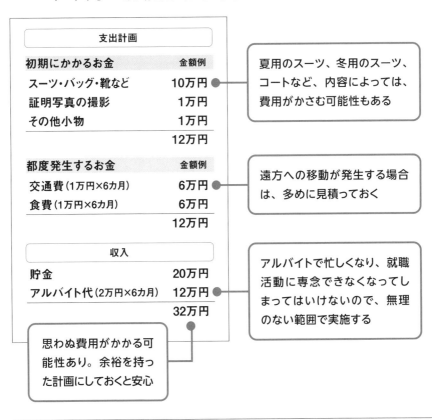

コラム

同じ会社で長く働き続けるためには？

長く働き続けるには最初が肝心

発達特性のある方は、職場にうまく適応できず、離転職を繰り返す方も珍しくありません。もちろん長く続けることだけが目的ではありませんが、望まない離職にならないように、長く働き続けられるかどうかで就職先を考えることも必要です。長く働き続けるためのカギは、入社後の数か月をどう過ごすかです。最初の数か月で職場にうまくなじむことができれば、その後、働き続けることができる確率が高まります。「発達障害者の職業生活への満足度と職場の実態に関する調査」（障害者職業総合センター）によると、発達障害のある方の離職理由として、「人間関係がうまくいかなかったから」「仕事内容が合わなかったから」が主な理由となっています。「人間関係」と「仕事内容」は、長く働くことと大きな関係があるのです。

長く働き続けるために、自分のことを知ろう

最初にご注意いただきたいのは、人間関係や仕事内容は、良い・悪いではなく、自分に合う・合わないで見極めることが大切、ということです。まずはどのような職場が理想か、自己分析を行いましょう。例えば、人間関係であれば、多くの人と人間関係を築く必要があるのか／少人数に限った関係でいいのか、仕事内容であれば、1人で進める方が合うのか／チームで進める方が合うのか、などと個別に見ていくとよいでしょう。

入社前に人間関係や仕事内容を見極めるコツ

次に、職場の人間関係や仕事内容が自分に合うか合わないかを見極めることが必要です。入社前にこれらを見極めるのは難しいことですが、コツを2つ紹介します。1つはインターンシップに参加することです。社員同士の会話やワークを進める際の社員との関わりを通して、職場の人間関係や仕事内容が見えてきます。2つ目は、面接で逆質問をすることです。仕事内容や社風に関する質問（118ページ参照）を通して、自分に合う・合わないを見極めるといいでしょう。

第3章

強みを知って具体化してみよう

自分の強みを知ろう

ここがポイント

- 「経験」と「日常生活」から強みを考える方法があります。
- 経験から強みを考える3つのステップをおさえましょう。
- 日常生活のちょっとしたことからも強みを見つけることは可能です。

経験と日常生活から考えてみる

就職活動を行うときには、「自分の強み」を考えることになります。これは、自分に向いている仕事について考えたり、エントリーシートや面接で自己PRしたりするときに役立つ作業です。また強みを考えることは同時に苦手を知ることにもなり、自己分析にもつながります。ここでは、「経験」「日常生活」から強みを考えるステップについて説明したいと思います。

経験から強みを考える3つのステップ

経験から強みを考えるための3つのステップを紹介します。

まず、過去の経験を棚卸してみましょう。例えば学生であれば、学校での勉強、アルバイトやインターン、クラブ活動等を経験している方もいると思います。また、社会人であれば前職の仕事経験があるかもしれません。その他に、資格の取得も大きな経験です。

次に、その経験に対して具体的にどのような行動をしたのかを考えてみましょう。勉強であればレポート作成、社会経験があれば会計担当を任された、といったことが考えられます。

最後に、行動に対して、自分がどのような力を発揮したり、身につけたりしたのかを考えてみてください。例えば、レポートの作成に対して、わからないことが少しでもあると納得がいくまでとことん調べた、といったことがあれば、「粘り強さ」が強みになります。また、会計業務に注意深く取り組んだ結果、ミスなく取り組むことができたということであれば、「注意深さ」が強みになります。

日々の小さなことからも強みは見つかる

経験の他に、日常生活の中から強みを考えるやり方もあります。例えば、家族から頼まれた部屋の掃除を毎週きっちりとこなすため頼りにされている、といった出来事があるとします。頼りにされている背景として、「任された仕事をコツコツと確実に取り組むことができる」ことが強みになり得ます。このように日常のちょっとした出来事の中からも強みを見つけることができるのです。家族や友人に、自分のいいところを具体的に尋ねてみるといいかもしれません。

経験から強みを考える3ステップ

STEP 1 経験の棚卸
→過去の経験を思い返してみる
例：学校の勉強、アルバイト、インターン、クラブ活動、前職での仕事、資格取得　など

↓

STEP 2 行動の棚卸
→経験に対して具体的にとった行動を思い返してみる
例：レポート作成、企業の課題解決、会計担当を任された　など

↓

STEP 3 強みの棚卸
→行動に対して発揮した力、身につけることができた力を思い返してみる
例：粘り強さ、注意深さ　など

自分の強みが見つからないときは？

ここがポイント

- 強みが見つからない理由がどこにあるのかを考えてみましょう。
- 今できる経験を積み重ねながら、自分の強みを考えてみましょう。
- 周囲の意見をヒントにして、経験や実績をもとに強みを見つけていきましょう。

強みが見つからない理由は2パターン考えられる

強みが見つからない理由として、「経験や実績がなく、強みとして具体的にあげられることがない」「経験や実績はあるが、自分の強みに気づいていない、整理できていない」といった可能性があります。それぞれ対策が異なりますので、周囲の意見も参考にしながら、自分がどちらのタイプか確認してみましょう。

小さなことでも構わない、今できる経験を重ねよう

経験や実績がなく、強みとして具体的にあげられることがないという方の中には、コミュニケーションや社会性への苦手意識から、アルバイト、ボランティアなどをあまり行ってこなかった方もいるかもしれません。そのような場合はまず、社会経験を積むことから始めるとよいでしょう。「今からでは間に合わない」と思う方は、1日限定の短期ボランティアなどでも構いません。今できる経験を積み重ねることで、自分の強みが見えてくる可能性があります。もちろん学校での勉強や仕事での経験をもとに、そこから強みを導き出すことも有効です。経験を積むことは遠回りに見えますが、自己理解や強みの見える化につながるため、就職活動が進めやすくなります。

周囲の人の力を借りよう！

核となる経験や実績はあるものの、そ

こから強みを分析できていない場合は、経験から強みを導き出すことが必要になります。30ページのような順番で進めるのが望ましいですが、1人ではなかなか分析できないことも多いと思います。そんなときは家族や友人、キャリアカウンセラーなど周囲の力を借りるようにしてみましょう。その際、強みというのは誰かに教えてもらうものではなく、過去の経験や実績をもとに自分自身で見つけるものであるという視点を持って取り組むことが大切です。例えばキャリアカウンセラーの場合、あなたの経験から強みを直接的に教えてくれるわけではありません。あなたの経験を聞き、情報を整理したり、質問を投げかけたりすることで、あなた自身で強みを見つける手伝いをしてくれます。

パターン別の強みの見つけ方

強みとなる経験や実績がない

・今できる経験を積み重ねることを第一として考える
・経験を積むと、強みの見える化につながる

↓

経験を積む

・インターン、アルバイト、ボランティアなどをやってみる
・やってみてどう感じたのか、気づきと学びを言語化する

↓

経験や実績から強みを分析できていない

・経験から強みを考える3つのステップ（p.30）を使って強みを棚卸する

↓

周囲の力を借りる

・キャリアカウンセラーや支援者、家族、友達に相談をする
・客観的な意見をもらい、過去の経験や実績を整理する

↓

自分の強みを発見!

苦手を得意に置き換えてみる

ここがポイント

- 否定的な言葉から肯定的な言葉への置き換えを行いましょう。
- 苦手は、職場環境や業務内容によって、強みに変わることもあります。
- 自身の苦手を肯定的にとらえることで、強みを見つけましょう。

否定的な言葉を肯定的な言葉に置き換えよう

「私には強みなんてない」「苦手なことしかありません」という発達特性のある方の言葉をよく耳にします。苦手なことは見つけやすく、強みは見つけにくい、そんな風に考える方も多いのではないでしょうか。そんなときにおすすめしたいのが、自身の発達特性について、否定的な言葉から肯定的な言葉へ置き換える方法です。例えば、「臨機応変な対応が苦手です」という否定的な内容を、「ルールが決まっていることはしっかりとやり遂げることができます」という肯定的な表現に置き換えることで、強みとして整理することができます。

業務内容次第で苦手が得意に変わる

実は、苦手と得意というのは表裏一体です。特に会社においては、業務内容や職場環境によって結果が変わります。例えば、臨機応変な対応が苦手で決まっていることをやり遂げるのが得意な場合に、斬新な発想や柔軟性が求められる業務では弱みになりますが、規則順守が求められる業務では強みになります。したがって、「臨機応変な対応が苦手」という否定的な言葉から「ルールが決まっているものをやり遂げる力がある」という肯定的な言葉に置き換えておくだけで、苦手なことが強みに変わり、周囲からも評価される得意に変わります。

苦手なことから強みを見つける方法

では、具体的に苦手を強みに置き換えてみることにします。最初に、普段自分で感じている苦手なことを、発達特性の特徴（8～15ページ）を参考にして書き出してみてください。その後、その内容を肯定的な内容へ置き換えます。難しく考えすぎず試してみるのがポイントです。肯定的な内容が思いつかなければ、インターネットで「○○（苦手さの具体的な内容を記入）　類義語」などと検索してポジティブな言葉を探したり、第三者に聞いたりするのもよいでしょう。自分では気づいていなかった思わぬ強みが見つかるかもしれません。強みは誰にでも必ずあるものです。1つの発達特性に対して丁寧に肯定的にとらえていくことで道が開けるでしょう。

苦手を強みに変換した例

否定的な表現		肯定的な表現
物事の細部が気になり、全体が見えなくなる	→	誤字脱字等の細かいミスを見つけることが得意
優柔不断で何かを決めるのが苦手	→	人の意見を取り入れながら、柔軟に判断ができる
仕事を1人で抱え込みやすい	→	物事を最後までやり遂げる責任感を持っている
待つのが苦手で衝動的に行動してしまう	→	思ったことをすぐに行動に移せる実行力がある
じっとしていられず、集中力がない	→	さまざまな物事に興味・関心を向けることができる

「苦手」を「強み」に置き換えてみることで、
自分に向いている職種・業務が見つかることも!

興味・関心と得意は違うもの

ここがポイント

- 得意なことを活かした仕事を選ぶことがもたらす効果について知りましょう。
- 得意なことで成果を出すと信頼や評価を得やすくなり、仕事をスムーズに進められます。
- 周囲への貢献により、周囲からの協力を得やすくなります。

興味や関心より大事なこと

　発達特性のある方には、「興味・関心の範囲が多方面に向かう（ADHD特性）」「どうしても興味・関心のある分野の仕事がしたい（ASD特性）」という方もいるかもしれません。しかし、興味・関心を優先して選ぶ仕事が、得意なことと合致するかどうかは、自身の発達特性も踏まえて慎重に見極めていく必要があります。

　興味・関心があるからといって、発達特性上の強みを発揮できない仕事を選んでしまうと、いくら努力しても成果を出すことが難しくなります。努力しても結果がついてこないと、興味があったはずの仕事でも、嫌になってしまいかねません。そのような状況に陥らないためにも、得意なことが活かせる仕事を選ぶ必要があります。

成果を出せると自信も評価もついてくる

　発達特性の有無に関わらず、仕事上で成果を出し、周囲に貢献できるかどうかはとても大切です。発達特性のある方の場合、得意と苦手が明確に分かれていることが多く、企業で働く中では自身の苦手なことが目立つこともあり、その結果落ち込むことがあると思います。また、それにより周囲からの評価が気になることもあるかもしれません。そんなとき、得意なことで成果を出せるとそれだけで自信がつきますし、自分自身の心のより

どころにもなります。そして、周囲から信頼もされ、評価されやすくなります。

周囲への貢献は生きやすさにつながる

得意なことで周囲に貢献して信頼を築くことで、苦手な業務が出てきたとしても、周囲に協力を求められる関係性がつくれます。「彼／彼女は、得意な業務で頑張ってくれているから、苦手なことは周囲でサポートしてあげようよ」といったように、周囲とのポジティブな関わりを引き出しやすくなります。そのことで、仕事に対するストレスが減り、生きやすさにつながっていきます。

苦手なことがあるからこそ、まずは得意なことに目を向けて結果を出し、周囲に貢献することにこだわっていくとよいでしょう。

得意なことから仕事を見つける

得意なこと
正確に作業をすること
決まったスケジュールで行動すること
1人で集中して作業すること
興味のあること
クリエイティブな仕事
興味と得意が合致する仕事
IT業
得意と合致する
製造業
IT業
倉庫作業
得意と合致しない
メディア・マスコミ
鉄道・バス
接客業
興味・関心のある職種において、求められることと得意なこと（できること）が合致するのが望ましい

発達特性を踏まえた得意と苦手

ここがポイント

- ASD特性のある方は、ルールが明確なことに取り組むのが得意です。
- ADHD特性のある方は、関心を幅広く持って取り組むのが得意です。
- SLD特性のある方は、発達特性上の困難さのない分野において、力を発揮できます。

ASD特性のある方の場合

手順やルールがはっきりしている仕事や、正確さ・論理性が求められる仕事が得意です。経理・財務・法務などのルールがある仕事では成果を上げやすく、プログラマのような論理性を求められる仕事は得意になりやすいでしょう。一方で、判断力や臨機応変な対応が必要な仕事では苦手が目立つ可能性が高いです。

ADHD特性のある方の場合

興味関心が幅広く、斬新なアイデアを出すことが得意です。行動力があるので、思い切った行動の結果、大きな成果を生むこともあります。興味関心を形にする、クリエイター系や企画系の仕事が得意になりやすいでしょう。一方、ミスをなくすこと、時間や書類を管理することが苦手な場合もあります。また、突発的な行動でチームワークが乱れたり、業務が途中で終わったりすることも考えられます。計画性や安定性が必要な仕事には注意が必要です。

SLD特性のある方の場合

「読む」「書く」「計算する」「聞く」「話す」「推論する」のうち、習得が難しい特定の能力以外は、得意なことがほとんどです。スムーズに業務をこなし、高い能力を発揮することもあります。一方、読むことが苦手な場合は社内の文書を読む業務に、計算が苦手であれば計算が必要な業務に苦労することが多いです。

発達特性別　向いている業務の例

ASD特性のある方向け

向いている仕事の例	理由
事務、オフィス周辺業務 機械操作業務 組み立て、修復、分解業務	・手順やルールがはっきりしている ・正確さが求められる ・特定のことに高い集中力や論理性を発揮できる

向いていない仕事の例	理由
営業業務 接客業務	・高いコミュニケーション力が求められる ・臨機応変さを求められる

ADHD特性のある方向け

向いている仕事の例	理由
教える業務 企画・プレゼンテーション業務 営業	・好きなことや興味の広さが強みになる ・発想力を活かせる ・実行力が求められる

向いていない仕事の例	理由
法務・経理系の業務 マネジメント関連業務	・緻密性が求められる ・ケアレスミスが致命的なミスに直結する

SLD特性のある方向け

向いている仕事の例	理由
「読む」「書く」「計算する」「聞く」「話す」「推論する」のうち、自身の苦手とする能力が必要とされない業務	困難さがある能力が必要とされなければ、ほとんどの場合はスムーズに仕事を進められる

向いていない仕事の例	理由
マニュアルなどの文書を読む業務	「読むこと」が苦手な場合は、苦手さが表面化する（音声読み上げソフトで代替できることもある）
計算が必要になる業務	「計算すること」が苦手な場合は、苦手さが表面化する（計算機で代替できることもある）

自分に向いている仕事の見つけ方

ここがポイント

- 仕事を選ぶ際には、自分に合った業務と環境を考えることが大切です。
- 発達特性を強みに置き換え、どのような仕事で強みを発揮できるか考えましょう。
- 成果の「見える化」を行っておくことで、仕事がマッチしやすくなります。

まず業務と環境を見極めよう

どんな仕事に就くかを検討する際、自分に適した業務と環境を考えることが不可欠です。発達特性のある方は、得意なことと苦手なことの差が大きいため、「苦手なことでも慣れればできるようになる」といった一般的な考え方が通用しないことがあります。

業務や環境のミスマッチは、自分自身にストレスがかかることはもちろん、周囲も対応に時間がかかってしまい、悪循環を招くことがあります。そのため発達特性による強みを活かせる仕事に就くこと、そして、職場環境や業務の進め方が自分に合うかどうかを見極めることが大切になるでしょう。

発達特性を仕事内容にマッチさせて強みに変える

発達特性そのものが直接的に仕事につながる事例はそれほど多くはありません。自分自身の発達特性から考えられる強みを抽出し、その強みと仕事とを照らし合わせることで、向いている仕事が見えてくることがあります。35ページで解説した通り、発達特性における苦手を「強み」に置き換えた後、38ページを参考にその「強み」がどのような仕事で発揮できるかを考えてみましょう。そして、アルバイトやインターンシップといった実際の仕事体験を通して、自身の発達特性や強みが本当に仕事に活かせるか検証することも必要でしょう。

専門スキルを活かしたいときは

大学・専門学校等で専門スキル（語学、IT、デザイン、会計など）の勉強をされてきた方や、社会人経験があり、ある分野に特化して仕事を行ってきた方も少なくないと思います。そのような専門領域がある場合、自分が学んできたスキルや経験を元にした強みが見える化できていると、「できること」と「仕事」がマッチしやすくなりますし、企業にも伝わりやすくなります。見える化の具体的な手順は、30ページを参考にするとよいでしょう。その他にも、学んだ分野の資格や、成果物があると、一定の知識や経験があることを証明する手段になります。専門スキルを見える化し、自分に合った仕事をゲットしましょう。

発達特性を仕事にマッチさせる3ステップ

STEP 1 自身の発達特性を見つける		STEP 2 強みに置き換える		STEP 3 強みが求められる仕事例
こだわりが強い	→	基準に正確である	→	検査業務 経理業務
1つのことに目が行きがち	→	集中力がある	→	調査業務 ライター業務
興味が移りやすい	→	知識や経験を豊富に持っている	→	企画業務 営業業務

コラム

体調管理と日常生活の大切さ

選考で力を発揮するためにまず必要なこと

就職活動において、選考の対策に目が行きがちですが、その前に大切なのが、「体調管理」と「日常生活の安定性」です。この2点が整っていないと、継続して就職活動を行うことが困難になり、就職できたとしても働き続けることが難しくなってしまいます。

体調を安定させよう

体調不良で面接の予定をキャンセルすることになってしまったり、筆記試験の最中でしんどくなってしまったりすると、せっかく準備をしていても本番で力を発揮できません。日ごろから、どのように自分の体調を安定的に管理するのかという視点を持つことが大切です。

体調管理において適切な食事や睡眠、運動は欠かせません。特に日中の眠気が気になる方の場合は、大切な選考の数日前から睡眠時間をしっかりと確保するように心がけましょう。また、選考に参加する前に、その会社で活躍するイメージを持つなどしてモチベーションを高く保つことも、眠気対策になります。また、衝動性をおさえたり、集中力を上げたりすることを目的に服薬をしている場合、副作用としての眠気やだるさなども意識しながら、安定した体調を継続できるような服薬管理を心がけましょう。

日常生活の課題や不安を取り除いておこう

普段の生活でうまくいかないことがあると、就職活動に集中して力を注ぐことができません。まずは、いま感じている課題や不安に何があるのかを整理しておきましょう。そしてそれぞれの課題や不安に対して、どのような対策がとれるのか想定します。例えば1人暮らしをしている方の場合は、実家に戻って、周囲の協力を得やすい環境で就職活動を行うのも1つの選択肢です。実際に課題が発生した場合は、そのまま就職活動を続けるのか、課題や不安を取り除くことを優先するのかを考えましょう。

第 4 章

発達特性を知って苦手とうまくつきあう

自分のことを客観的に見られない

ここがポイント

- 発達特性のある方の場合、「認知」が他の方と違うことがあります。
- 自分を客観的に見ることができると周囲からの協力が得やすくなります。
- 3つの方法をおさえて、客観的に見た自分を知りましょう。

認知に「ずれ」が起こりやすい

自分を客観的に見るのは誰しも難しいものです。特に発達特性のある方の場合、認知（物事のとらえ方）が他の方と違うことがあり、「自己評価（つもりの自分）」と「他者評価（他人から見た自分）」に違いが発生しやすくなります。自己評価と他者評価の間に差がありすぎると、「ちゃんとやっているのに周りから評価されない」と感じたり、「周囲の評価が高くても信じられない」と思ったりします。

自分を客観視できると成長につながる

周囲に評価される自分になることが必ずしも生きやすさにつながるわけではないので、自己評価と他者評価を完全に一致させる必要はありません。しかし、自己評価と他者評価のずれを少なくしておくと、自分を客観的に見ることができるようになります。自分を客観的に見ることができるようになると、置かれた現状や成長のための課題について周囲と共通認識を持てるため、協力が得られやすくなります。就職活動においても、客観視を意識して周囲と共通認識を持って乗り越えていくことで、就職につながりやすくなります。

客観的に自分を見るための方法は？

自分のことを客観的に見るためのコツ

は次の通りです。

①具体的な事実をもとに評価をする

「1時間に○個の作業をできる」などの具体的な事実は人によって結論が変わることはありません。その事実をもとに評価することで、客観性が高まります。

②利害関係のない複数の人から意見を収集する

友人や学校のキャリアカウンセラーのような人たちの意見を取り入れることで、客観的な評価を得やすくなります。誰か1人の意見では偏ってしまう可能性があるため、できれば複数の人の意見を聞くことが望ましいでしょう。

③電子機器を活用する

自分の立ち居振る舞いを確認する上ではビデオやスマートフォンなどの動画機能を活用することも有効でしょう。映像や音声で自分自身を振り返ることが、客観的に自分を見ることにつながります。

自己評価と他者評価の例

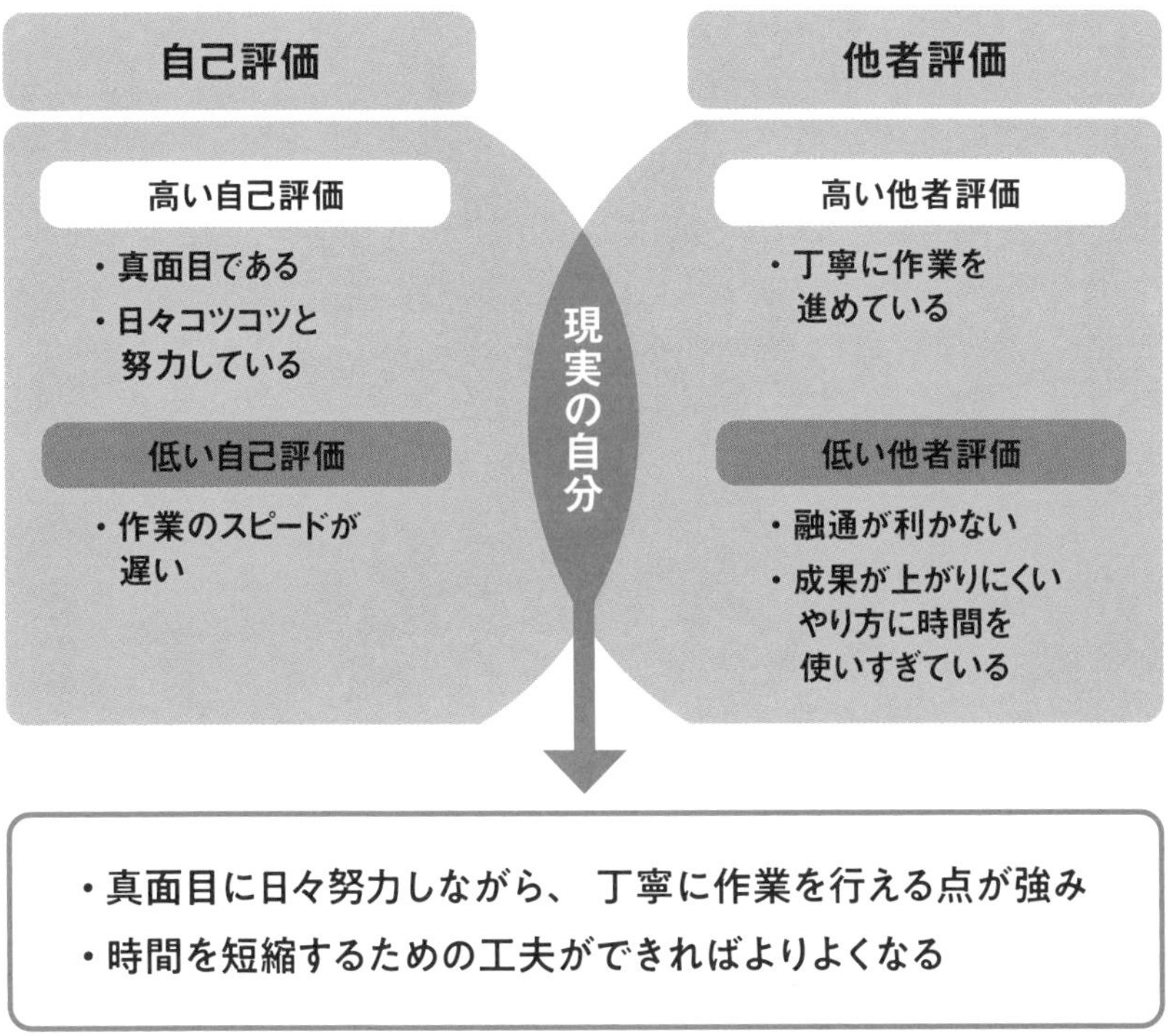
自己評価
高い自己評価
・真面目である
・日々コツコツと努力している
低い自己評価
・作業のスピードが遅い
他者評価
高い他者評価
・丁寧に作業を進めている
低い他者評価
・融通が利かない
・成果が上がりにくいやり方に時間を使いすぎている
現実の自分
・真面目に日々努力しながら、丁寧に作業を行える点が強み
・時間を短縮するための工夫ができればよりよくなる

苦手に向き合うのがうまくいかない

ここがポイント

- 自分の苦手を理解しておくことは仕事をする上でとても役立ちます。
- 苦手なことを把握するために、過去の体験の共通点を探してみましょう。
- 苦手への対策ができれば、自分の可能性が広がることもあります。

苦手を理解するメリットは大きい

自身の苦手さに向き合うことは、少しつらい作業かもしれません。しかし、ここで自己理解を深めておくことは、あなたにとって大きなメリットになります。

まず1つに、企業へ応募するときに苦手なことが求められる会社を避けることができます。入社後にミスマッチを感じるのを防ぐことで、生きづらさを感じにくくなるでしょう。

また反対に、苦手だと思っていたことでも、対策さえ考えられれば働く上で問題にならないことがあります。どうしてもやりたい仕事がある場合は、「自分には向いていないから」と諦める必要はありません。苦手と向き合うことで広げられる可能性もあるということを覚えておきましょう。

過去を振り返ると共通点が見えてくる

苦手さを抽出する方法の1つとして、過去に起こったうまくいかなかったことを書き出し、共通点を洗い出す方法があります。自身が苦手な内容や場面の共通点に気づくきっかけになるでしょう。ただし、過去に起こったことを思い出すのが苦痛である場合は無理をしないようにしましょう。

その他に、発達特性から考えるやり方もあります。発達特性の中から、自分の苦手さにマッチすると思うものを抽出してみましょう（詳細は第1章参照）。

苦手と対策はセットで考えよう

自分の可能性を狭めないためにも、苦手を把握した後は対策までセットで考えておくとよいでしょう。

まずはどうすればその困りごとを解決もしくは軽減できそうか、どのように工夫・努力すればうまくいきそうかを考えて洗い出してみます。例えば、約束した日時や締め切りをよく忘れてしまう場合は、対策として「日時をその場でメモすることを徹底する」「毎朝予定を確認する習慣をつける」などが考えられます。第4章の目次を見て、自分に当てはまるページを読んでヒントにするのもよいでしょう。

苦手なことを洗い出すための2つのポイント

1 過去の日常生活や人間関係において困ったことを洗い出す

- 学生時代、レポートの提出をよく忘れた
- 友人との約束に間に合わないことが多かった
- 身の回りの小物（財布や時計）を失くしてしまうことがよくあった

→スケジュール管理が苦手、忘れっぽいという特性がある

対策：
- 日時が決まったときに、その場でタスクを書き込めるスケジュールアプリを利用する
- アプリの確認を忘れないよう、毎朝通知が来る設定をして、予定を確認する習慣をつける

2 発達特性の中から自分の苦手に当てはまるものを抽出する

- 誤字脱字などのミスを何回も繰り返してしまう

対策：書類はセルフチェックの後、必ず他者にダブルチェックをしてもらってから提出する

- 同時並行での作業がうまく進められない

対策：毎朝1日のスケジュールを立て、作業の実施順を決める。可能であれば、上司に確認してもらう。

こだわりがあって、物事がうまく進められない

ここがポイント

- こだわりとうまくつきあいながら、優先すべきことを見極めましょう。
- こだわりがあっても物事をうまく進める3つのポイントをおさえましょう。
- 周囲にもこだわりがあることを理解しましょう。

「就職」という目的を思い出そう

ＡＳＤ特性のある方の場合、強いこだわりがあり、それが理由で物事がうまく進められないことがあります。こだわりを持つこと自体が悪いわけではありませんし、むしろ強みになることもあります。しかし、就職活動の場面によっては、自分のこだわりよりも周囲との関係性や企業などのルールを優先しないといけないことがあります。やり方にこだわるあまり、就職という目的を達成できなくなってしまうと本末転倒なので、こだわりとうまくつきあいながら、物事を進めていきましょう。

こだわりとうまくつきあう3つのポイント

①社会のルールを知っておく

自分の中で絶対に間違いがないと思っているルールが、社会の一般的なルールと異なることがあります。就職活動においても、企業へのエントリー方法、面接での言葉づかいや所作など、さまざまなルールがあります。一般的なルールをこの後の章で確認しておきましょう。

②複数のプランを用意しておく

物事を進める中で「このやり方しかない」と考えていると、もしそのやり方で進められない場合に行き詰まってしまいます。1つのプランではなく、複数のプランを持つことを習慣づけると、行き詰

まりが解消されるでしょう。

③こだわってもいいポイントかどうかを考える

自分がこだわることでマイナスになることはないかを考えます。例えば、自分がこだわるやり方でタスクを進めると期限に間に合わなくなる場合、期限内に進められるやり方を優先しましょう。

相手の意見も尊重しよう

自分と同様、周囲にもこだわりや考えがあります。周囲の意見にも耳を傾け柔軟に対処する気持ちを持つことで、相手も尊重されている気持ちになり、あなたのこだわりも尊重されやすくなります。

また、相手の話を聞くときは

- **笑顔であいづちを打つ**
- **意見に賛同するコメントをする**

などを意識することで、相手は「尊重されている」と感じやすくなります。

自分のこだわりを一度置いたほうがよい場面

グループディスカッションで、1つの結論をまとめなければならない

自分のこだわりを優先させると…	自分のこだわりを一度置いてみると…
自分のこだわる点について主張し続けて、周囲の意見を聞かない ⇒議論がストップしてしまい、自分だけではなく、他の人にも迷惑をかけてしまう	まずは周囲の意見を聞き、その後、議論の方向性をふまえて発言する ⇒議論がスムーズに進み、他の人だけではなく、自分の評価も相対的に上がる

企業説明会の途中で機材のトラブルがあり、終了予定時間を過ぎてしまっている

自分のこだわりを優先させると…	自分のこだわりを一度置いてみると…
次の用事はないが、時間になったから帰る ⇒その後の選考に支障をきたす可能性がある	その後の予定がないので、時間よりも説明会を優先する ⇒時間よりも説明会を優先する方が好ましい印象を与える

人とコミュニケーションをとることが苦手

ここがポイント

- **コミュニケーションは「話す側」と「聞く側」のキャッチボールです。**
- **話す側のときには、伝達・雑談・議論という3つのパターンが使えます。**
- **コミュニケーション上手になるためには「聞く」ためのスキルも必要です。**

会話は言葉でキャッチボールをするイメージで

就職活動では他人とコミュニケーションをとる場面が多くあります。例えば、企業の人事担当、グループディスカッションで出会う他の就活生などです。

コミュニケーションが苦手な場合

- **言いたいことを伝えられない**
- **相手の話を聞けない**
- **表現が独特で堅苦しくなってしまう**

といった問題が生じることがあります。

就職活動の評価に直結する可能性もある円滑なコミュニケーションは、おさえておきたいスキルです。コミュニケーションは、よくキャッチボールに例えられます。ボールを投げる（話す側）ときは、相手にわかりやすく話し、ボールを受け取る（聞く側）ときは、相手のボール（話）をしっかり聞く姿勢が必要です。話す側は、相手が受け取りやすく回答しやすい話をできるか、聞く側は、相手の話を受け止めて、相手が話しやすい態度をしているかが大切になります。

話し上手になる「3つの型」を覚えよう

自分が話す側の場合、「伝達（相手に確実に伝える）」「雑談（目的なく自由に話す）」「議論（特定のテーマについて話し合う）」の3つのパターンが使えます。

「伝達」では、結論から話すことで話す内容の目的が伝わりやすくなります。具体的な根拠を交えて話すようにする

と、わかりやすくなるでしょう。

「雑談」では、話す相手の属性や関心事がわかっていれば、その話題を振ることで会話が成り立ちやすくなります。

「議論」では、自分の意見を一方的に伝えるのではなく、他人の意見も受け止めて、より建設的に発展させることが大切です。

「聞き上手」はコミュニケーション上手

コミュニケーションが得意な人は、話すのが得意というよりも、むしろ「聞き上手」なほうが多いです。相手が話したことに対して、笑顔でうなずきあいづちを打つことで、相手は「聞いてもらっている」という感触を持ちます。また相手に「話を聞いていますよ」というメッセージを発信できるよう、相手の話をまとめて伝え返すことも有効です。

「伝達」「雑談」「議論」の型

伝達　自分の話をわかりやすく相手に伝える

状況:「あなたの強みは何ですか?」と面接官に質問されたとき

例文:「私の強みは、細部まで見落としやミスがなく作業ができることです。サークルで経理を担当していましたが、注意深く書類を作成した結果全くミスがなく、他のメンバーからも信頼されていました」(結論から話し、根拠を交える)

雑談　目的なく自由に話し相手との距離感を縮める

状況:企業説明会の休憩時間で隣の就活生と話すことになった

例文:「今日は暑いので、スーツを着るのが大変ですね」(相手の属性を踏まえた話題)

議論　特定のテーマについて話し合う

状況:グループディスカッション

例文:「私は～～と思うのですが○○さんはどう思いますか?」(他者の意見を聞く)
「○○さんの意見は～～ということですね」(他者の意見を要約する)
「○○さんのご意見の中には、～～という新しい視点がありますね」(建設的に発展させる)

いつも落ち着かず、忘れ物やケアレスミスが多い

ここがポイント

- ADHD特性のある方は、ミスを努力や意志の問題と考えても解決しないことが多いです。
- 忘れ物やケアレスミスは、ルールづくりや習慣で解決することを考えましょう。
- 3つのパターンを使って単純なルールをつくりましょう。

ルールづくりで解決しよう

忘れ物やケアレスミスが続くとき、「努力が足りない」「意志が弱い」など、自分の問題であるととらえてしまう方も少なくありません。たしかに努力や意志により、一定の改善があるかもしれませんが、例えばＡＤＨＤ特性のある方の場合、その発達特性を理解せずに努力や意志に頼っても、解決しないことのほうが多いと思われます。その代わりに、忘れ物やケアレスミスが起こりにくい「ルール」をつくることを考えてみるとよいでしょう。ルールがあることで、努力や意志に頼らなくても改善できる可能性があります。

「自然に実行できる」ルールをつくろう

ルールをつくる際に大切なのが、いかに日常の中で自然に実行できる習慣にできるか、という点です。いくら緻密で正確なルールをつくったとしても、実行できなければ効果はありません。毎回意識しなくても実行できるような単純なルールにすることが理想的です。

毎日の行動の中で習慣化できるルールをつくれば、もはやルール自体を意識することがなく自然な形での改善につながっていくでしょう。

具体的なルールづくりの進め方

まず、自分がよくやりがちなケアレス

ミスについて、具体的な内容をあげてみましょう。例えば、毎回財布を置き忘れてしまう、作業の納期が守れない、書類を作成してもいつも誤字脱字が発生する、などです。それらの具体例に対して、ルールづくりで解決を目指します。

ルールづくりには、次の3つのパターンがあります。

①1人で工夫してできるルール

②1人でシステムを活用してできるルール

③人にサポートしてもらうルール

具体例は図を参考にしてみてください。どのケアレスミスにどのパターンを活用するとよい、といった決まりは特にありません。1つのパターンにとらわれることなく試してみると、自身に向いているやり方を見つけることができるでしょう。

3つのパターンを使ったルールの例

1　1人で工夫してできるルール

- 仕事のときはいつも同じカバンを使い、大切なものの入れ場所を決めておく
- 職場や外出先でカバンの中のものを出して使ったら、すぐに元の場所へしまう
- 家に帰ったら、大切な物を置く場所を決めておき、必ずそこに戻す
- 締め切りや人との約束など、聞いたその場ですぐにメモやスケジュールに書き込む

2　1人でシステムを活用してできるルール

- メモ自体をなくしてしまう場合、携帯電話のメモなどに残しておく
- 締め切り前にアラートが鳴るスケジュールアプリやタスク管理アプリを使う

3　人にサポートしてもらうルール

- 作成した書類は第三者（家族やキャリアカウンセラー）に見てもらう
- スケジュールを家族や友人と共有し、大切な用事があるときは忘れないように前日にリマインドをお願いする
- スケジュールを詰め込みすぎて過活動になっていたら声をかけてもらう

思いつきで行動してしまう

ここがポイント

- 思いつきで行動すると、予定が崩れてしまうというデメリットがあります。
- 思いついたらすぐ行動することで、新たな情報を得られるメリットもあります。
- 行動や関心を広げる時期を決め、方向性が決まった後に深く検討しましょう。

突発的な行動は望んだ結果につながりにくい

物事を深く検討せずに行動に移すことで、望んだ結果につながらないことがあります。せっかく行動を開始しても長続きせず、すぐに他のことに興味関心が移ってしまったり、他のスケジュールとの調整が面倒になって諦めてしまったりするかもしれません。

例えば、就活サイトで目に入った企業に手当たり次第に応募しているうちに、本命の会社の選考に参加できなくなるなど、自分自身何がしたいのかわからなくなってしまうこともあるかもしれません。

新たな出会いが生まれることも

一方で、興味関心の幅を広く持ち、行動力を活かして活動することで、成果につながることもあります。就職活動では、昨日までなかった求人が今日になって突然出る、これまで新卒採用のなかった企業が募集を始めるなど、日々新たな情報が更新されます。そういった最新の情報をキャッチアップしていけば、就職活動開始時には想像していなかった新たな企業と出会える可能性もあります。

行動や関心を広げる時期を決めておく

前述のように、行動を広げること自体は悪いことでありません。問題は、行動

や関心を広げすぎた結果、大切な機会を逃してしまったり、優先度の高い企業に応募するための取り組みがおろそかになってしまったりすることです。

対策として、まず行動や関心を広げる時期を決めておき、そこで関心の方向を決めます。その後、行動を絞って深く検討する時期に移ることで、重要なタスクに集中しやすくなります。一度集中して取り組んでみて、やはり違うということになれば、改めて期限を決めて、また行動と関心を広げていけばいいのです。

ただし、すぐに関心の方向を決めてしまうと後悔することもあります。重要なことは即決せずに相談してから決めるというルールをつくったり、絶対に優先すべき企業への応募や行動を決めておき、他の予定があっても、それだけは最優先にして取り組むといったルールをつくったりすることも1つの方策です。

思いつきを「行動力」にするために

「行動を広げる時期」と「行動を絞る時期」を決める!!

行動や関心を広げる時期

- さまざまな企業の説明会へ行く
- 先生や先輩の話を聞く
- サークル活動、インターン、アルバイト、ボランティアなど、経験を積む

行動を広げる時期は、思いついたらすぐに行動して OK！
視野を広げることで、新たな企業に出会えることも

行動を絞る時期

- 優先すべき業界や企業に絞って応募対策を練る
- 就職活動以外のことはスケジュールに入れない（余暇の時間は計画的にとって OK）

行動を絞る時期では、思いつきの行動は NG。関心のある業界や企業に集中することで、情報が集まりやすくなる

慣れない環境になじめず、パニックを起こしてしまう

ここがポイント

- パニックは強い緊張や不安が原因で起こります。
- パニックの原因となりやすい状況を把握し、予防と準備をしましょう。
- パニックがおさまる気配がなければ、企業の人に日を改められないか相談しましょう。

パニックはなぜ起こる？

発達特性によっては、強い緊張や不安が原因でパニックが起こることがあります。パニックが起きると突然大きな声を上げたくなったり、その場から逃げ出したくなったりすることが考えられます。主治医がいる場合は、就活があることを相談して、緊張や不安を緩和するための服薬をするのも1つです。

原因を突き止めて予防しよう

一度起きてしまったパニックをコントロールすることは難しく、基本的には「パニックにならないための予防をどう行うか」が大切になります。予防には、過去にパニックが起こった状況を分析するなどして、原因を突き止めておくことが有効です。例えば、駅で混雑しているとき、誰かが大きな声を上げているときなど、具体的な場所や場面をリストアップしてみます。原因を突き止めた後は、例えば混雑した時間帯を避けられるよう早めに行動するなど、苦手な環境を避ける工夫を心がけるとよいでしょう。

しかし、就職活動においてはどうしても不安な場所を避けられないこともあります。不安のある環境へ行くときは

- **不安や緊張を和らげる自分なりの方法を持っておく**（好きな音楽を聴く、好きな香りを嗅ぐなど、感覚によって落ち着くものが効果的）
- **選考会場や電車では、なるべく出口に近い席を選ぶようにする**

などの準備しておくとよいでしょう。

それでもパニックが起きそうになったら？

自分なりの方法を試してみても、不安や緊張がおさまらないことがあるかもしれません。周囲に話ができる余裕があれば、「体調が悪いので場所を変えて少し休憩してもいいでしょうか」などと確認します。その上でパニックの原因がない場所（静かな個室やトイレなど）に移動し、落ち着くのを待ちましょう。少し時間がたって落ち着くことができれば、もとの場所に戻ります。パニックの原因が解消されてなければ、もとの場所に戻ることでまたパニックが起こるかもしれません。その場合は、無理に戻ろうとせず、企業の担当者等に相談して帰宅する、または別の機会に改めて参加させてもらうなどの対応をとりましょう。

こんなときはどうする？

Q　面接の時間を１時間間違っていたことに当日気づいた

A　まずは深呼吸をする、好きな音楽を聴く、好きな絵や文章を見るなど、自分なりの方法で落ち着くことを試みます。
少し冷静になれたら、現実的に間に合うかを調べます。間に合わない場合は、すぐに会社に連絡をしてお詫びをしましょう。その上で時間の変更ができるかを丁寧にお願いします。

１人ではなかなか冷静になれない場合、家族など第三者の人に相談をするようにしましょう。

Q　面接会場で極度に緊張してしまい、体調が悪くなった

A　企業の担当者に相談してトイレなどの静かな個室に移動させてもらい、落ち着くのを待ちましょう。時間がたって落ち着いてきたら、面接に臨みましょう。体調が戻らずどうしても面接に臨むのが難しそうであれば、企業の担当者に体調不良を伝え、面接日程を変更してもらうことが可能か相談しましょう。

コラム

インターンシップに参加する意義

インターンシップの種類はどんなものがある?

近年インターンシップを実施する企業は増えています。インターンシップでは、企業の中でさまざまな仕事を体験できます。また、一言でインターンシップといってもいくつか種類があります。代表的なのは、企業見学の延長ともいえるような1日開催のもの、企業が抱える課題に対してグループ討議を行う数日間開催のもの、企業の仕事で成果を出すことを目指し数か月にわたって開催されるものです。

企業目的から見たインターンシップ

大きく見れば、学生へのさまざまな社会経験や成長の機会を提供する「経験」目的のインターンシップと、採用に直結する「採用」目的のインターンシップとに分けられます。

経験を目的にしたインターンシップの場合は、学生の就業イメージの醸成やスキルアップを目指しています。学生から見れば、採用に直結しない分、失敗を恐れず積極的なチャレンジができます。

採用を目的にしたインターンシップは、選考ステップに組み込まれており、実際の職場における適性やパフォーマンスを評価されます。学生から見れば、入社前にどのような業務なのか、どのような職場環境なのか、どのような社員が働いているのかなどを知ることができ、ミスマッチや早期離職を防ぐことができます。

発達特性のある方にとってのインターンシップ

発達特性のある方にとって、具体的に社会や企業を知るインターンシップはとても大切です。どのインターンシップも企業や仕事を知るためにはとても意義のあるものですが、特におすすめしたいのは、企業の方から個別にフィードバックをもらえる種類のものです。企業視点からフィードバックをもらえると、客観的に自分を知ることができるので、成長につながります。また、自分では気づいていない強みや課題を発見することもできるかもしれません。

第 5 章

企業を調べて エントリーしよう

業種研究・職種研究の進め方

ここがポイント

- 自分に合う業種や職種を考えることで入社後のミスマッチを防ぎましょう。
- 業種や職種をさまざまな観点から調べて比較しましょう。
- 人手不足の業種・職種は、内定につながりやすくなります。

業種・職種研究で入社後のミスマッチを防ぐ

世の中にはさまざまな会社がありますが、それらを一定の条件で種類分けしたものが「業種」です。業種には製造業やサービス業、金融業などの種類が存在します。「職種」とは仕事内容を表すもので、こちらも営業、生産、総務、経理、人事、専門職などさまざまな種類が存在します。

業種や職種によって求められるスキルや強みは異なります。発達特性のある方の場合は、求められるスキルや強みが合わないことで仕事とのミスマッチが発生する可能性が高いため、自分に合う業種や職種を探しましょう。

業種・職種研究のステップ

最初に業種や職種についての全体像を調べ、次に複数の観点で特徴を調べて比較するとよいでしょう。

例えば、

- **今その業種や職種ではどのような仕事が行われているのか**
- **どのようなスキルや経験が必要とされているのか**
- **求人数は多いのか少ないのか**
- **将来性はあるのか**

などを中心に見ていく方法があります。

これらの情報は新聞やインターネットで調べることができます。関心のある分野だけでなく、自分の強みを発揮できそうな分野も調べておきましょう。

人手が不足している業種や職種はねらい目！

数ある業種や職種の中でも、人手が不足している分野と、人手が足りている分野があります。判断基準には、一般にも公開されている「有効求人倍率（有効求人数を求職者数で割ったもの）」を活用するとよいでしょう。人手が不足している業種や職種では積極的な人材採用が行われるため、内定に至る確率が高くなります。人手が不足している業界として、例えば、建設業、小売・サービス業、介護・福祉業、情報通信業などがあげられます。反対に、人手が足りている業種や職種の場合、内定に至るまでのハードルが高くなります。つまり、自分のスキルや能力とは別に、どのよう業種や職種で人材が必要とされているかを考えることも、内定につながる大切な視点です。

ASD特性を持つAさんの場合

1 業種や職種の全体像を知る

インターネットでどんな業種があるかを調べてみよう。たくさんあるけど、介護業界が気になるなあ。

2 業種や職種ごとの特徴を把握する

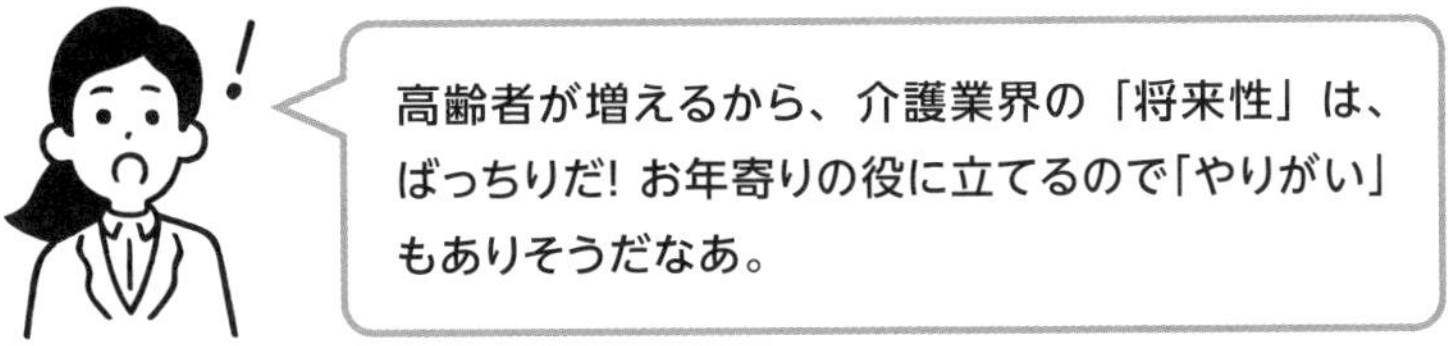
高齢者が増えるから、介護業界の「将来性」は、ばっちりだ！ お年寄りの役に立てるので「やりがい」もありそうだなあ。

3 業種や職種を横断して比較する

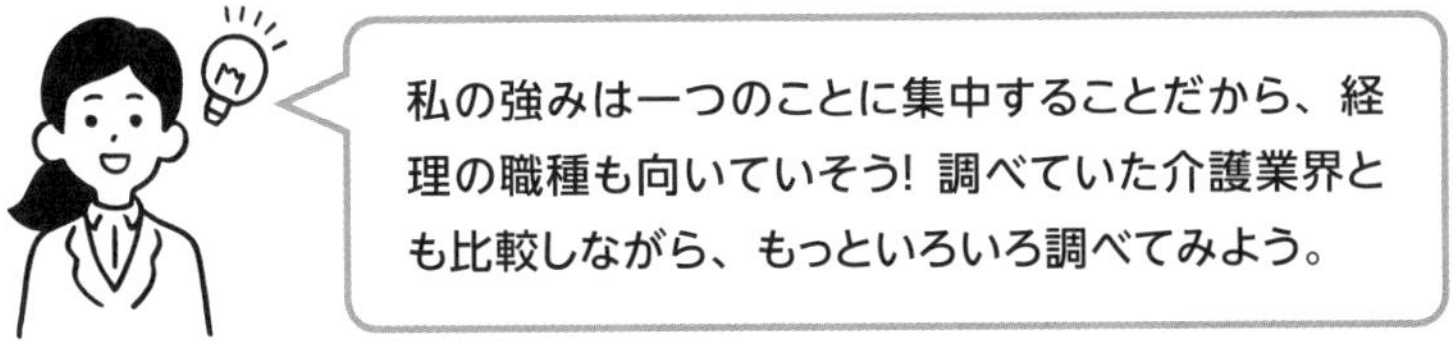
私の強みは一つのことに集中することだから、経理の職種も向いていそう！ 調べていた介護業界とも比較しながら、もっといろいろ調べてみよう。

働きたい企業や組織を選ぶ考え方

ここがポイント

- 働きたい企業や組織を選ぶための3つの視点をおさえましょう。
- 働く環境が自分に適しているかもあわせて考えましょう。
- 第三者に相談すると、新しい企業情報を知ることができる可能性があります。

「関心」「業種や職種」「働く人」から選ぶ

世の中にはたくさんの組織があります。株式会社以外にも、行政機関、社会福祉法人やNPO法人などの多様な法人形態を合わせると、数百万もの企業や組織が存在します。その中から働きたい企業や組織を見つける方法として、「関心のある企業や組織から考える」「業種や職種から考える」「働く人から考える」といった3つの視点を持つことがあります。この3つの中で最も自分が考えやすい視点から進めていくとよいでしょう。最終的には給与や勤務地などの雇用条件も大切になります。譲れない雇用条件を整理しておくとよいでしょう。

自分に合った環境を選ぶと働きやすさにつながる

発達特性のある方の場合は、上記で述べた3つの視点に加えて、働く環境が自分に適しているか？　ということもあわせて考えてほしいと思います。働く環境によって発揮できるパフォーマンスが大きく変わることがあるからです。例えば

- **臨機応変な対応が求められる組織なのか／決まったことをミスなくこなすことが求められる組織なのか**
- **部署の異動が多い組織なのか／1つのことを突き詰める組織なのか**

などによっても長期的な働きやすさは変わってきます。外部から見ているだけではわからないこともあります。業界の特

徴を詳しい人に聞く、OB訪問や職場見学をする、インターンシップに臨む、インターネットの口コミを見るなどして内部の情報を得られることもあるので、積極的に情報収集を行いましょう。

第三者に相談して間口を広げる

自分1人では、どのような企業や組織を受けるか選べないこともあるでしょう。そんなときは、新卒であればキャリアカウンセラー、転職の場合はハローワークの窓口や転職支援サービスのカウンセラーといった就職活動に詳しい第三者に相談するのもおすすめです。事前に自分の経験、強みや弱み、雇用条件、通勤時間などの希望を整理した上で臨むと、適切なアドバイスが受けやすくなります。自分では想像していなかった企業が見つかるかもしれません。

企業や組織の選び方の例

関心

・普段使っているサービスを提供している企業で気になる企業はあるか
・地元や、通勤・通学で見かけた気になる企業はあるか

業種や職種

・自分が仕事をするイメージがつくか
・自分の強みや得意とマッチするか

働く人

・近い価値観の人がいるか
・考え方や取り組みに共感できるか
・働く人たちの間の空気感や雰囲気が自分に合うか

雇用条件

・給与、労働時間、休日や休暇、勤務地、転勤の有無などの条件が、希望と合っているか

並行して複数企業に応募するか考える

ここがポイント

- 複数企業に応募することにはメリットとデメリットがあります。
- 並行して企業に応募するか、自身の発達特性も含めて検討しましょう。
- 並行して企業に応募するときにはスケジュール設定に余裕を持ちましょう。

メリットとデメリットを知ろう

並行して複数企業に応募することのメリットとデメリットを考えてみます。

まずメリットとして、雇用条件や雰囲気などを比較しながら企業を選ぶことができる点があります。また、ある会社が合わないと感じたとしても、他社への応募を並行して進められるため、就職活動の短縮化が図れることもメリットです。

一方デメリットとしては、応募書類の作成や面接準備なども並行するため、準備が追いつかない可能性があります。また、応募した企業によって面接の受け答えを変えたり、面接が重なったときには優先順位を決めたりする必要も出てくるので、臨機応変な対応が求められます。

自身の発達特性を考慮して、並行して応募するかを考えよう

複数企業に応募することのメリット・デメリットをおさえたら、次は自分自身の発達特性を考えて就職活動の進め方を決めましょう。急いで就職活動を進めたい気持ちがあったとしても、準備が追いつかなくなってしまっては本末転倒ですので、無理なく取り組める応募方法を考えましょう。優先順位を決めて取り組むのが苦手な方にとっては、並行して複数の企業に応募することはハードルが高く感じられるかもしれません。その場合は、優先順位のつけ方を124ページを参考にしながら進めてみるとよいでしょう。

スケジュールには余裕を持とう

就職活動では、想定していたより面接の回数が増えてしまったり、書類作成がうまくいかなかったりと、予期せぬことが発生する場合があります。スケジュールを詰め込みすぎていると、準備が間に合わない状態で面接や選考を受けることになってしまいますので、余裕を持ったスケジュール設定が大切です。

しかし、いくら余裕を持ったスケジュールを設定していても、面接日程が重なる可能性もあります。日程が重なった場合、面接日程の再調整をお願いしたり、どうしても1つの企業を選ばざるを得ない場面が出てくるでしょう。そのとき、どの企業を優先するのか、その判断基準になるものはなんなのか（仕事内容や勤務地、雇用条件など）を明確にしておくとよいでしょう。

複数企業への応募を慎重に考えたほうがよい人の例

企業を選ぶ際の判断基準が決まっていない
臨機応変な対応が苦手
優先順位を決めて取り組むのが苦手
気持ちの切り替えが上手くできない
すぐに他のことに注意が向いてしまう

メリット／デメリットを考えて判断しよう

企業への応募方法の選び方

ここがポイント

- 企業への応募方法には、いくつか種類があります。
- それぞれの応募方法の特徴を知っておきましょう。
- 自分の発達特性や不安に合わせて、応募方法を選択することが大切です。

企業への応募方法は1つじゃない

求人のある企業を探すための主な手段として、図に示したような方法があります。新卒の場合は学校のキャリアセンターや研究室単位で求人が来ていることもありますので、学内の資源として有効に活用しましょう。加えて、近年はインターンシップから採用につながるケースも増えているので、インターンシップへの参加は積極的に検討しましょう。

応募方法の選び方

求人媒体を活用する場合や、関心のある企業のHPから直接エントリーする場合、自分自身で関心がある企業を調べて応募することになります。メリットとしては、数多くの企業に直接アプローチできることがあげられます。一方で、就職活動の計画を立てたり、積極的に行動をおこしたりすることが苦手な場合は、就職活動をうまく進められないことがあるかもしれないので、注意が必要です。

人材紹介会社やハローワークなどの公的機関、学校のキャリアセンターなどの就職支援組織を活用する場合は、キャリアカウンセラーが相談に乗ってくれます。個別でアドバイスを受けられるので、安心して就職活動を進めることができます。一方で、求人数が限られる場合もあるため、あなたの関心がある会社が見つかりにくい可能性もあります。

いくつかある方法から1つを選ぶのもよいですが、キャリアセンターやハロー

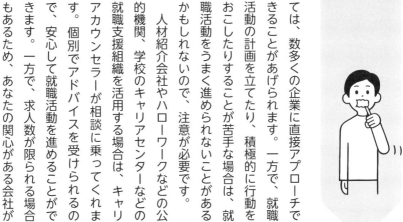

ワークで相談をしながら、求人数が多い求人媒体を活用するといった、組み合わせ型の就職活動も可能です。

自分に合った応募方法を選ぼう

1人で就職活動を進めることに不安がない方は、行きたい企業に応募するためにどの方法を活用してもよいと思います。ただし「就職活動の計画を立てる」「予定に優先順位をつける」「企業を選ぶ判断基準を決める」ということに苦手や不安がある方の場合、キャリアカウンセラーに相談できる方法を使うのが望ましいでしょう。また、向いている仕事がわからないときは、インターンシップからの採用をしている企業に応募することも1つの選択肢です。自分の発達特性や不安に合わせた応募方法で就職活動を進めていきましょう。

企業への応募方法の種類

求人媒体

例）リクナビ、マイナビ、タウンワーク、新聞など

【向いている人】
- 多くの求人が見たい
- 条件にこだわりがある

合同説明会

例）リクナビ等の合同説明会、ハローワークの説明会

【向いている人】
- 多くの求人が見たい
- 地元企業で探したい（公的機関）
- 企業の人と直接会って判断したい

企業HP

例）「企業名 採用」で検索

【向いている人】
- 行きたい企業が明確にある

就職支援組織

例）就職エージェント、ハローワーク学校のキャリアセンター

【向いている人】
- 個別で相談したい
- 自分にあう企業を紹介してほしい

自分自身の人脈

例）知人・家族の紹介、元同僚の紹介

【向いている人】
- 身近な環境で安心して就職したい

エントリーシートを書いてみよう

ここがポイント

- エントリーシートでよくある質問への回答を事前に整理しておきましょう。
- エントリーシートの質問内容に対して適切に答えるようにしましょう。

エントリーシートってなに？

企業に応募する際、履歴書や職務経歴書以外にエントリーシートの提出を求められることがあります。エントリーシートとは企業が書類選考に用いる応募書類のことで、企業によって様式が違います。よくある質問には図のような項目があります。事前に回答を整理しておくことで、どの企業のエントリーシートにも応用することが可能でしょう。また、細かく質問項目を設定せず「自由に自己PRしてください」というエントリーシートもあります。その場合は、よくある質問項目の中から最もアピールできる内容を選んだり、それらを組み合わせたりすると、効率的に作成ができるでしょう。

エントリーシート作成の注意点

企業が求めている質問内容に適切に答えることが大切です。いくら自分のことをアピールできていたとしても、質問項目に沿って回答していなければ評価されにくくなります。エントリーシートに記入する前と記入した後に、回答内容が質問内容と整合性がとれているか確認しておくとよいでしょう。可能であればキャリアカウンセラーなどの第三者に確認してもらうとさらに安心です。エントリーシートで記入した内容は、その後の面接で聞かれることも多いので、WEB提出の場合は送信する前に印刷しておくか、下書きを作成しておきましょう。手書きの場合も必ずコピーをとりましょう。

エントリーシートの書き方

1 エントリーシートを取得して内容を確認する

□記入項目　□提出締め切り日　□提出方法

2 エントリーシートの内容は各社似ていることが多いため回答を準備しておく

自己PR

どのような強みやスキルがあるかをみている

・自分の強みや経験の中で最もアピールしたいものを書く
・「結論・具体例・今後の展望」の構成で作成するとわかりやすい

志望動機

自社の志望度や、どの程度自社のことを調べてきたかをみている

・「なぜこの企業にエントリーしようと思ったか」を書く。「雇用条件・福利厚生がよい」という理由はNG
・企業によって書く内容が異なるため、最後に考えるのもよい

取り組んできたこと

興味・関心、取組姿勢、学習意欲があるかどうかをみている

・取り組んだ内容に加えて、取り組んだ理由、こなした役割、学んだことを説明するとよい
・学業の成績がいい人はそれも立派なアピールになる

性格（長所・短所）

自分自身を理解できているかどうかをみている

・長所、短所を具体的なエピソードとともに書く
・わからないときは、家族や友達など複数人に聞いてみよう

キャリアビジョン

どのような将来設計や働き方のイメージを持っているか探っている

・1・3・5・10年後の自分の理想像を書き出してみよう
・将来はわからないことも多いので、具体的ではなくてもよい

成功体験

成功体験の内容だけではなく、成功に向けた努力や工夫をみている

・成功体験の内容と、そのために行った工夫や努力を書く
・華やかなエピソードでなくてよい

3 書いた内容と質問の意図にズレがないか、企業に合った内容になっているか、必ず見直しをしよう

履歴書の書き方　基本のルール

ここがポイント

- 企業が指定している履歴書の形式や手書きの必要性は必ず確認しましょう。
- 履歴書を書くときのポイントや基本的なルールをおさえておきましょう。
- 自由記述欄には、自分が一番伝えたいものを書きましょう。

履歴書を準備しよう

就職活動を行う際に必要になるのが履歴書です。まずは次の2点を確認します。

・応募する企業が指定している履歴書があるか

・手書き指定があるかどうか

企業からの指定がないのであれば、コンビニや文具店などで購入できる履歴書で問題ありません。最近はインターネット上に多くの履歴書フォームが掲載されているので、それらのフォームを印刷して活用するのもよいでしょう。手書き指定がない場合は、そのままパソコンで入力できるフォームを活用して作成することもできます。

事実に即して詳細に書こう

履歴書とは、企業に自分の経歴や人となりを知ってもらえる最初の書類です。履歴書を見た採用担当者に「この人に会ってみたい」と思ってもらうことができれば、次の選考に進むことができます。だからこそ履歴書に書かれている情報には、次の2点が含まれている必要があります。

・自分自身を適切に表現できていること

・会ってみたいと思わせられること

その中でも、経歴の部分は事実に即して詳細に書きましょう。学歴については経歴を古い順に書きます。高等学校や専門学校、短大、大学については「学部、学科、コース、専攻」まで書いておくの

がよいでしょう。

また、転職の場合は職歴も記載する必要があるので、古い順に入社・退社、部署移動などの経歴を書くようにします。退職理由については「一身上の都合により退社」「契約満了のため退社」などと簡潔に理由を書いておきましょう。

自由記述欄の書き方

履歴書のフォームによっては、志望動機、特技、趣味、アピールポイントなどを自由に記載できる記述欄があることがあります。どのような内容を書けばよいか迷うこともあると思いますが、白紙で出すことは避けたほうが無難です。自己PR、学校生活や社会人生活で取り組んできたこと、成功体験、長所・短所、将来実現したいことなどの中から自分が一番伝えたいものを書くことが望ましいでしょう。

履歴書を書くときのポイント

学歴

- 経歴（学歴・職歴）は事実に即して詳細に書く
- 学歴は古い順に入学・卒業を記載する
- 学校名は正式名称で書き、学部・学科・コース・専攻まで記載しよう

職歴

- 転職の場合は記載が必要。古い順に入社・退社・部署移動などの経歴を書く
- 退職については、「一身上の都合により退社」「契約期間満了のため退社」など簡潔に理由を添えておく

志望動機

- 履歴書の中で最も重要。企業は「どうして自社を志望しているのか」を知りたがっている
- どの程度自社に関心を寄せているのか、またあなた自身の価値観ややりたいことが自社と合致しているのかを見ている

自己 PR

- 企業が目指していることとの関連性や、自分の強みがどのように活かせるかを中心にまとめる
- 自己 PR は、学校生活や社会人生活で取り組んできたこと、成功体験や努力したことの成果、将来実現したいことなどの中から、一番伝えたいものを書くとよい

趣味・特技など

- 休日にしていることや、好きなこと、自信のあることを記載しよう
- 面接時、趣味や特技の内容から話題が広がることもあるので、空欄や白紙のまま提出することは避けたほうがよい

本人希望記入欄

- 勤務地や時間帯などが選べる場合は、希望を記入
- 特にない場合は「貴社の規定に従います」と記載する

履歴書の書き方

● 資格
・資格／免許は正式名称で記載
・複数ある場合は、業務や職種に関係のある資格を優先して記載

年	月	免許・資格
平成28	10	実用英語技能検定2級　取得
令和1	8	Microsoft Office Specialist Word 2019　取得
令和1	9	Microsoft Office Specialist Excel 2019　取得
令和1	12	TOEIC　720点　取得
		TOEIC　800点以上を目指し、現在勉強中

志望動機
私は、人の生活を豊かにする一助になりたいと思い志望いたします。私は共働きの家庭で育ったため、家事と勉強を両立してきました。勉強時間を確保するためには家事の時間をいかに短縮できるかが私にとってとても重要でしたが、そのとき貴社の電化製品の性能の高さにとても助けられました。電化製品は、人の生活を便利にするだけでなく時間の創出にも繋がり、人の生活を豊かにするものと考えます。また、私自身の生活スタイルから効率を考えて行動することが得意であること、そしてアルバイトで身につけた正確な事務スキルが貴社の事務職の仕事でも活かせると思い、応募させていただきました。

趣味、特技など	通勤時間	
週4〜5回、30分程度のウォーキングを5年間続けています。ウォーキングの時間は体力の維持と、思考を整理することに役立っています。また、英語を話せるようになりたいため、週末は英語の勉強をしています。	約　1　時間　10　分	
	扶養家族（配偶者を除く）　0　人	
	配偶者　有　無（○）	配偶者の扶養義務　有　無（○）

本人希望記入欄

貴社の規定に従います。

● 通勤時間・扶養家族・配偶者等　扶養家族や、配偶者、配偶者の扶養義務によって、会社の手続きや手当が変わることがあるので、正確に記入する

● 本人希望記入欄
・複数の勤務地や勤務時間を選べる場合は、希望を記入
・特にない場合は、「貴社規定に従います。」と記入

● 日付
- 郵送の場合は郵送日を、面接に持参する場合は面接日を記入
- 履歴書全体で和暦か西暦に統一する

● 証明写真
写真の裏には
名前を書いておく

「ふりがな」はひらがなで、「フリガナ」はカタカナで記入

シャチハタはNG

履　歴　書

令和　2年　9月　2日

ふりがな　やまだ　たろう
氏　名　山田 太郎　捺印

写真をはる位置
写真をはる
必要がある場合
1.縦 36〜40mm
横 24〜30mm
2.本人単身胸から上
3.裏面のりづけ

● 年齢
提出日時点での年齢を記載

生年月日　平成10年　12月　1日生（満22歳）　性別　男　女

ふりがな　おおさかふおおさかしにしくみほんまち
現住所　〒123-4567
大阪府大阪市西区見本町1丁目2番3号 メゾン101号

TEL. 06-9876-5432
携帯 090-1234-5678
TEL. − −

● 住所表記
- 番地なども省略しない
- マンション名まで記載

● 電話　日中連絡がつきやすい番号を記載
● メール　自分がいつでも見られるアドレスを記入

年	月	学歴・職歴
		学　歴
平成26	3	大阪市立見本中学校　卒業
平成26	4	大阪府立見本高等学校　普通科　入学
平成29	3	大阪府立見本高等学校　普通科　卒業
平成29	4	見本大学　経済学部　経済学科　入学
令和3	3	見本大学　経済学部　経済学科　卒業見込み
		職　歴
		なし
		以上

● 学歴
- 中学卒業年から記載
- 「高校」は「高等学校」と正式名称を記載
- 中高の名称は「私立／市立／県立／府立」も記載
- 編入／転入した場合も学歴欄に記載

● 職歴
- 学歴と職歴の間は1行空ける
- アルバイトは職歴に入らないので記載しなくてよい

職務経歴書の書き方　基本のルール（社会人編）

ここがポイント

- **職務経歴書では、実務能力、経験や強み、転職の一貫性などを見られます。**
- **職務経歴書を書く際は、応募企業で活かせる経験や強みを強調しましょう。**
- **面接で聞かれる内容を想定し、事前に答えを考えておきましょう。**

職務経歴書を準備しよう

企業で働いたことがある場合は、履歴書以外に職務経歴書の提出も求められます。職務経歴書とは前職や社会で経験した仕事内容や強みを明らかにする書類です。ここで企業側が見ているのは、次のようなポイントです。

- **仕事に必要な実務能力を有しているか**
- **特筆すべき経験や強みは何か**
- **転職内容に一貫性があるか**

職務経歴書は選考において大きなウエイトを占めます。応募する企業がどのような人材、経験、スキルを求めているかを理解した上で、特に必要となりそうな経験やスキルを強調して作成することが必要になります。

職務経歴書の書き方

職務経歴書は、最初に職務経歴の要約を記述したあと、過去に所属していた会社の社名、配属、業務内容、実績や評価などを記入していきます。職務経歴の要約では、応募企業で活かせる経験や強みを強調して記述することで、企業側があなたを採用するメリットを感じやすくなります。また、所属していた会社の情報は、時系列で最新の所属企業から順番に記載することが一般的ですが、経験した職務経験や業務内容をまとめて記載するような書き方もあります。過去に所属していた会社での経験を記入する場合でも、単に経験内容を羅列するだけではなく、応募企業で必要とされそうな経験や

強みを強調して書くことが大切です。

職務経歴書は面接時を想定しながら書こう

面接では、具体的な実務能力を判断するために、職務経歴書の内容を掘り下げた具体的な質問をされることが多いでしょう。その質問に明確に答えられないと、信ぴょう性がないと思われたり、仕事内容を詳しく理解していないと思われたりすることもあります。1つひとつの記述に対して、聞かれそうなことを想定して明確に答えられるようにしておきましょう。また過去の経験から、仕事に対する価値観や大切にしてきたこと、学んだことなどを問われることもあります。取り組んだ内容から何を学んだかといった視点でも、事前に答えを考えておくとよいでしょう。

企業はあなたのなにを見ている？

1 仕事に必要な実務能力

● 事務の例

PCスキル、正確性、
スケジュール管理能力、
簿記などの資格

2 経験・強み

● 営業の例

取り扱った商材、担当した顧客、
売り上げの実績

3 転職内容の一貫性

● ポイント

・転職先の企業に前職から共通するスキルやポリシーがあるか
・企業で実現したい目標と転職理由に整合性があるか

職務経歴書の書き方

職務経歴書

令和2年9月1日
山田 太郎

■職務要約

総務部の一般事務職として従事してきました。契約書の不備や支払い等のミスが許されない業務だったため、特に正確性を重視することを意識していました。その結果、令和元年度の社内の表彰制度において、表彰していただくことができました。これからは正確性を保ったまま生産性を上げることに励み、貴社に貢献したいと考えています。

■職務経歴

株式会社 Mihon
事業内容：印刷・出版業 資本金：1000 万円　従業員数 85 名　正社員として勤務
平成 31 年 4 月 ～ 令和 2 年 9 月
総務部（部署人数 5 名）
お客様から届いた契約内容に不備がないか、2 名体制でチェックをし、入力やファイリング、封入・封緘、発送作業に従事しました。 2 年目からは新入社員に業務指導を行いました。

■自己PR

1、正確性

正確性には自信があります。特に誤字脱字のチェックが得意で、1次チェックの担当者が見つけられなかったミスに気づくことも多くありました。これまで私がチェックした契約書に一度もミスがなかったことは、自信につながっています。

2、挨拶とコミュニケーション

社会人になってから、周囲と協力して仕事をする上で円滑なコミュニケーションがとても大切だと学び、出勤時や退勤時は特に、元気よく挨拶することを心がけています。

3、体調管理

仕事をする上では体調管理が何よりも大切だと考え、早寝早起きやバランスのよい食事、定期的な運動には気を配っています。そのため、前職では体調不良による遅刻や欠勤は一度もありませんでした。

■資格・スキル

・実用英語技能検定2級
・日本漢字能力検定2級

■PCスキル

・Word　社内文書作成（表の挿入）
・Excel　売上データ管理（四則演算、IF関数、グラフ作成）

自己PR文を書こうと思っても、自分のいいところが見つからない

ここがポイント

- **企業が聞きたいのは「あなたがどんな人なのか」です。**
- **自己PRでは強みを明確に、根拠を持って書きましょう。**
- **自分が伝えたい強みと根拠に絞って作成しましょう。**

自己分析で自分自身を理解しよう

自己PR文を書くには、自分自身のことを理解しなければいけません。

企業が人材を採用する際に知りたいこととして

- **どんな価値観を持っている人なのか**
- **どんなスキルや経験、強みを持っていて、どんな行動ができる人なのか**
- **社内で一緒に働けるイメージがつくか**

ということがあります。このようなことをわかりやすく伝えるためにも自己分析が必要です。今までの経験などをもとに、客観的に自分自身を見つめて理解しておきましょう。また30〜33ページを参考に、強みを具体化するのも有効です。

自己PRを書くときのポイント

自己分析ができたら、実際に自己PRを考えていきましょう。自己PRで必要なのは、応募企業に自分を売り込むことです。自分がどのような人材なのか、ということを理解してもらうため、強みを明確に、かつ根拠を持って書くことが大切です。もし根拠がないことを書くと、面接で詳細を聞かれたときに疑問を持たれてしまい、内定につながりにくくなります。発達特性のある方の中には、事実をすべて書かなければいけない、と思われる方もいるかもしれませんが、情報が多すぎると逆に読みにくくなります。自分が伝えたい強みと、強みが最も伝わりやすい根拠に絞って作成しましょう。

自己分析の方法

企業が知りたいと思っていること

あなたの価値観	どのようなスキルや経験を持ち、どのような行動ができる人なのか	社内で一緒に働けるイメージを持てるか

これらを伝えられるようにするために……

1 自分史を書いてみる

Q 小・中・高・大学時代の自分の様子は?
Q 人生で一番うれしかったことは?
Q 人生で一番どん底だったときは?
Q 楽しいと感じるのはどんなとき?
Q ずっと継続して行っていることはあった?
それはなぜ続けられたのだろう?　など

2 他己分析をする

- 家族や友達などに、自分について聞くことで、客観的な視点を取り入れることができ、新たな長所や短所の発見につながる
- どんな意見もまずは率直に受け入れることがポイント

Q 私の性格を一言でいうと?
Q 私のいいところは?
Q 私の直したほうがいいところは?

履歴書のための印象のよい写真の撮り方は？

ここがポイント

- 履歴書の写真はできる限り写真館で撮影をしましょう。
- 一般的な写真撮影のルールを確認しておきましょう。
- 男性・女性で異なる写真撮影のポイントもおさえておきましょう。

写真は写真館で撮ろう

写真は携帯やデジタルカメラで撮影するのではなく、できるだけ写真館で撮影してもらいましょう。写真館で撮影した写真は画質がよく、撮影後に顔色や肌荒れの修正も行ってくれます。携帯やデジタルカメラでの撮影はお手軽ですが、企業に手抜きをした印象を抱かせてしまう可能性があります。少し費用と時間はかかりますが、企業によいイメージを与えるためには必要な出費となります。

写真撮影のときに気をつけたいポイント

履歴書の写真は、写真館で撮影すればどのようなものでもいい、というわけではありません。こうしたほうが印象がいいという一般的なルールがあります。

〈写真撮影の基本ルール〉

- **ジャケット・シャツを着用する**
- **前髪は目にかからないようにする**
- **歯が見えない程度に口角を上げる**
- **帽子やサングラスはつけない**
- **撮影は正面のアングルから撮る**
- **写真のサイズは横３㎝×縦４㎝**
- **書類にのりづけする前に、写真の裏に名前を書く**

また、基本ルールに加えて、男性・女性それぞれに写真撮影のときのポイントがあるので、図でおさえておきましょう。

写真撮影で気をつけるポイント

男性の場合

髪型を整える際は、アレンジのし過ぎに注意
歯が見えない程度に口角をあげる
スーツ・シャツ・ネクタイを着用する（詳細は6章を参照）
ネクタイは熱意を伝えるのであれば赤、知性を表したいなら青、自由な社風の会社なら明るめのグレーなどがおすすめ

女性の場合

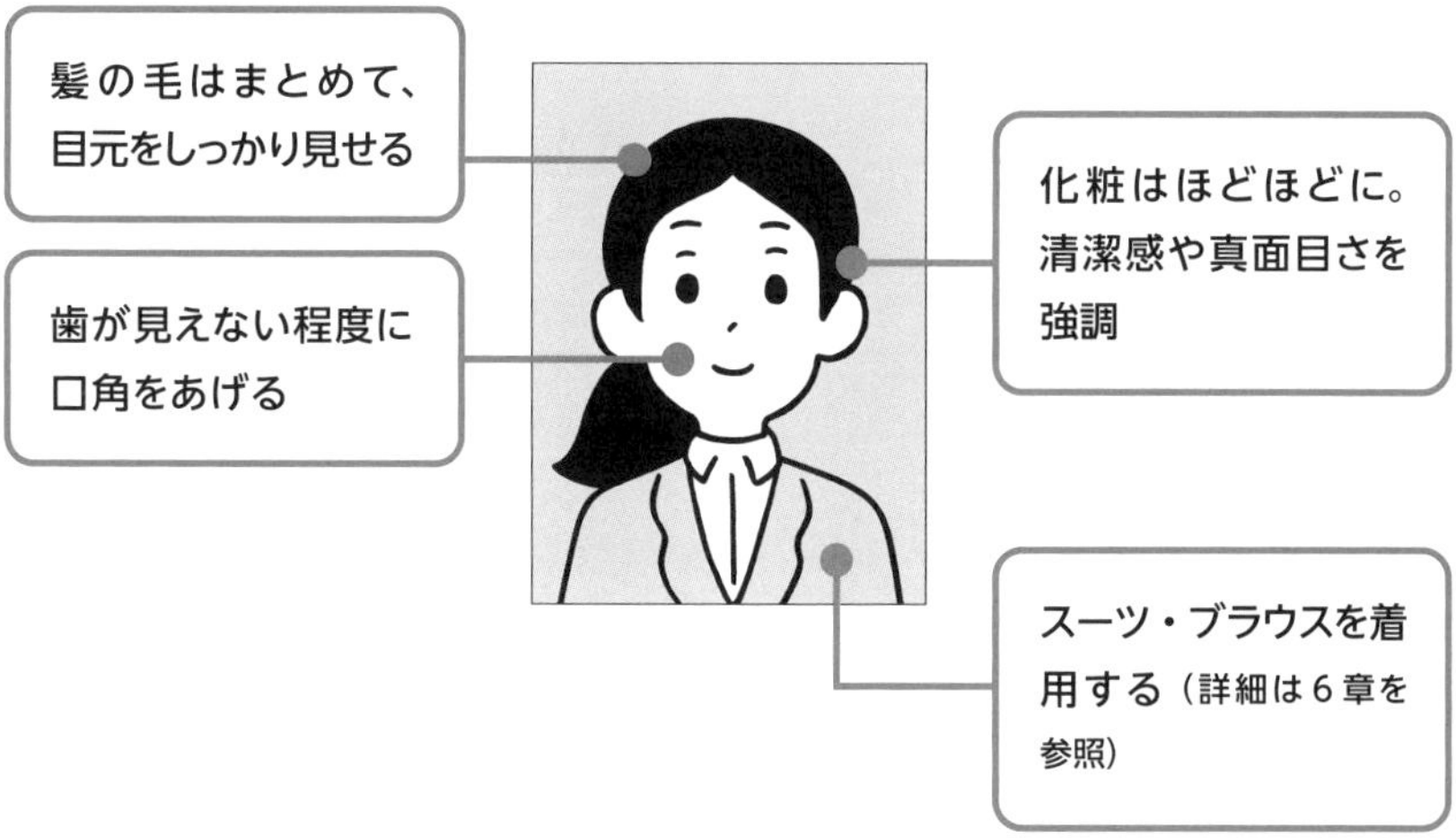
髪の毛はまとめて、目元をしっかり見せる
化粧はほどほどに。清潔感や真面目さを強調
歯が見えない程度に口角をあげる
スーツ・ブラウスを着用する（詳細は6章を参照）

コラム

就職活動の新トレンド

スカウト型採用とは？

現在の就職活動は、求職者が興味を持った企業に応募するのが一般的ですが、最近は、企業が自社に求める人材をダイレクトに採用することを目的とした、スカウト型採用が増えつつあります。スカウト型採用では、企業が「求職者の専門性が自社の業務にマッチするかどうか」を判断して、求職者にアプローチするため、求職者の専門性が評価されやすいのが特徴です。スカウト型採用を希望する場合は、専用のサービスを活用します。発達特性のある方の場合、専門的に勉強してきたことや、得意を評価されることで、強みを活かした就職につながりやすい点がメリットです。

職種別採用（ジョブ型採用）とは？

従来、中途採用の場合は入社後の担当職種を決めてから採用するケースが多く、新卒採用の場合は担当職種を決めずに採用するケースがほとんどでした。しかし、最近は新卒採用であっても、学んできた専門性や希望をもとに、入社後の担当職種を決めてから採用するケースが増えています。企業から見れば、その職種に就きたいという熱意や専門性がある人材を採用できます。発達特性のある方にとっては、事前に担当職種が決まっていることで、不向きな職種への配属の心配がなく、強みを活かして継続的に働ける可能性が高まります。

通年採用とは？

新卒採用の場合、4月に一括採用を行う企業がほとんどでしたが、年間を通して採用活動を行う企業が増えてきました。4月と9月の年2回採用を行っている企業や、時期を問わず年間を通して採用している企業などがあります。この変化により、外国の大学を卒業した学生、事情があって休学していた学生、単位の関係で半年間卒業が伸びた学生などにとって、門戸が広がりつつあります。発達特性のある学生で並行して複数のことを実行するのが苦手な場合、まずは単位取得に注力した後、通常の就職活動の時期から外れても応募できる企業があることは大きなメリットです。

第6章

身だしなみとマナーについて知ろう

スーツ・小物はこうやって選ぼう

ここがポイント

- **就職活動に必要なものは、直前ではなく余裕を持って準備しましょう。**
- **スーツは清潔感のあるシンプルなものを選ぶように心がけましょう。**
- **購入の際には、お店のスタッフに相談すると間違いないでしょう。**

必要になりそうなものは余裕を持って準備しておこう

就職活動をするときに必要になってくるのが、スーツやYシャツ、ネクタイ、小物類です。これらがすべての企業の選考で必要か、といわれると実際はその企業にもよります。しかしいざ必要になったときに、準備が間に合っていないと、直前で選考を諦めることになってしまうので、それはとてももったいないことだと思います。

そうならないためにも、必要になったものをその場その場で探すのではなく、「これは就職活動で必要になるかも」と思うものを事前に調達しておくのが理想的です。

どのようなスーツを選べばいい?

スーツは「清潔感があってシンプルなもの」であれば企業の方にも印象がよく見られるので、購入するときは意識するようにしましょう。就職活動の頻度に応じて2着は持っておくのが理想です。夏場などは特に汗もかきますので着まわしできる状態を保ちましょう。清潔感を持って就職活動に臨むことができます。スーツの色や形などに関しては、派手なものは避けたほうが無難です。こだわりが強いなどの発達特性がある方の場合、自分のこだわりだけで選ぶと、TPO(時と所と場合)に合わない可能性があります。購入の際には、お店のスタッフに相談するとよいでしょう。

事前に調達しておきたい小物の例

□ カバン	・A4サイズが入る大きさ ・男女ともに色は黒 ・華美ではないデザイン	ポケット付きのデザインであれば、書類や小物を整理するのが苦手な方でもカバンの中で書類や小物が散乱しないよう小分けにできる
□ 筆記用具	・多色ボールペン	メモを取るとき大事なところを赤字にするなど、目的によって使い分けられる
□ メモ	・A7サイズ程度のもの	ポケットから取り出しやすい。面接で頭が真っ白になったときのために、面接で答えることの内容を書いておく
□ 印鑑・印鑑ケース		印鑑ケースは朱肉付きのものを選ぶ
□ 腕時計	・派手な色や装飾がないもの ・傷や汚れのないもの	清潔感を出すために、きちんと手入れをしておこう
□ ハンカチ	・ポケットに入れても型くずれしないサイズ	汗を拭いたり、飲み物をこぼしたりしたときなどに使う
□ 感覚過敏を和らげるもの	・耳栓、ノイズキャンセリング付きイヤホン	聴覚過敏の方の場合、パニックの原因となる音を防げる
	・サングラス、パソコン用めがね	視覚過敏の方の場合、光による刺激が軽減できる
□ その他	・緊張を和らげることができるもの	好きな音楽が入ったミュージックプレイヤーや本など。自分に合ったものを選ぶ

男性・女性の
スーツや靴の選び方

男性の場合

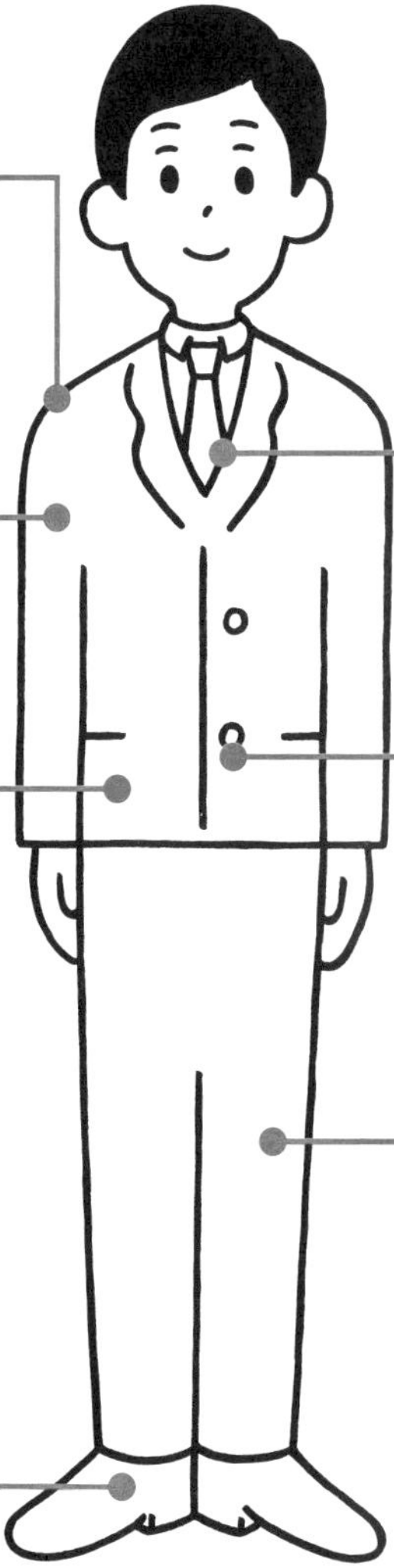

● スーツ
黒や紺がおすすめ。肩幅でサイズを合わせる。背中にシワができなければジャストサイズの目安になる

● Yシャツ
第1ボタンまで留まるものを選ぶ。形状記憶タイプのシャツが便利

● ポケット
ポケットには基本的に物は入れず、シルエットを保つ

● 靴・靴下
黒の革靴が基本。紐タイプが望ましい。靴下は黒か紺で座ったときに肌が見えないぐらいの長さのものを選ぶ。白やくるぶし丈はNG

● ネクタイ
結び目は首元まできっちりと上げる。緩いネクタイはとてもだらしなく見える。色は紺や青が無難。柄はチェックやストライプがおすすめ

● ボタン
2つボタンでも3つボタンでもOK。2つボタンは上だけ留める

● スラックス
真ん中の折線がわかるぐらい清潔感を保つ。長さは靴の甲に軽く触れるぐらいがベスト

女性の場合

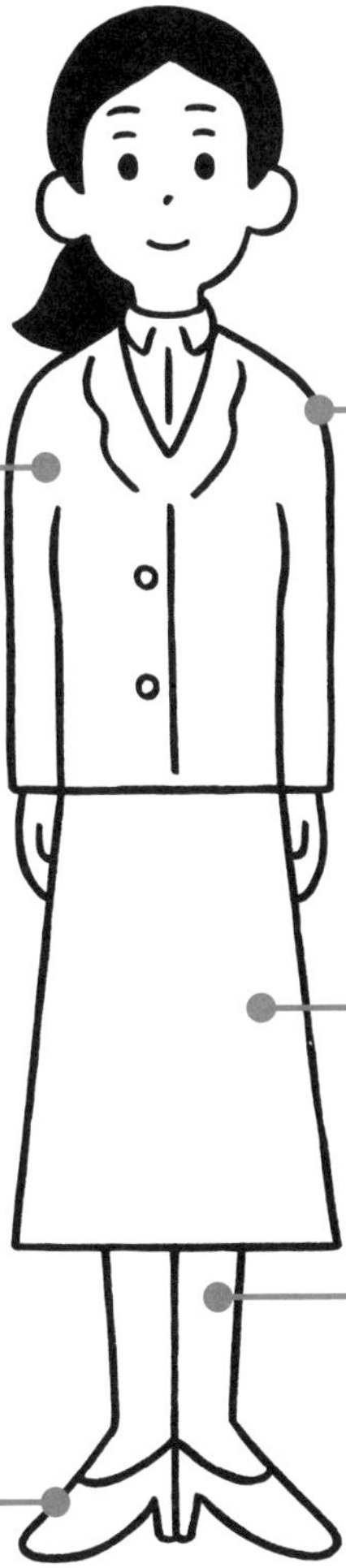

● スーツ
濃紺か黒がおすすめ。2つボタンでも3つボタンでもOK。上着は肩幅で合わせ、背中にシワが入らなければジャストサイズの目安になる

● ブラウス
新卒の場合は、白色が望ましい。第一ボタンまで留まるものが一般的だが、第一ボタンのないタイプも明るく爽やかな印象を与える

● スカート・パンツ
スカートの割合が多いが、もちろんパンツでもOK。自分に合うものを選ぼう。スカートの長さは、座ったときに少しひざが見える程度が望ましい。長すぎても短すぎてもNG。パンツの場合は、必ずベルトを締める。長さは足の甲に軽くあたるぐらいが目安になる

● 靴
黒の無地のパンプスが無難。ヒールが丈夫な靴が歩きやすい。就職活動中はよく歩くため、ヒールに履きなれてない場合は、低めのヒールにするか、移動時は歩きやすい靴を履いておき、会場や会社の最寄り駅でパンプスに履き替える手段もある。ただし、履き替え忘れには気をつけよう

● ストッキング
無地のノーマルカラーを選ぼう。伝線しやすいため、必ず予備をカバンに入れておこう。寒い冬でも黒いタイツはNG

身だしなみはどう整えればいい？

ここがポイント

- 清潔感を出すには服・靴・髪型・身体をきれいな状態にしておきましょう。
- オシャレと身だしなみの違いを理解しましょう。
- チェック項目や第三者からの意見も参考にしましょう。

清潔感のある身だしなみとは？

就職活動で、企業から「この人と働きたい」と思ってもらうには、清潔感が大切な要素になります。清潔感を出すためにも、次のポイントを意識しておくようにしましょう。

- **服や靴がきれいに整っているか**
- **顔や手指、髪がきれいな状態であるか**

どれか1つが欠けているだけで、清潔感が失われてしまう可能性があります。清潔感があると、面接の第一印象もぐっとよくなるので、他の人から見て清潔だと思われる状態を意識しましょう。また、身だしなみの感覚は、就職活動のときに限らず日頃から気をつけておくことで、自然と身についていきます。

身だしなみとオシャレの違い

身だしなみと混同しやすいのが「オシャレ」です。オシャレはあくまで自分が気に入っている服装をすることです。可愛い・格好いい服装や髪型をしていても、周りの人からは不適切な格好に思われたり、奇抜と見られてしまったりするかもしれません。就職活動における身だしなみとは、企業の人から見ても適切だと思われる服装のことです。企業の人と会うときは、標準的なチェック項目（図を参照）を1つひとつ確認しておくことがおすすめです。身だしなみに自信がない場合、第三者の意見も参考にして、身だしなみを適切に整えるようにしましょう。

男性・女性の清潔感ある身だしなみ

女性

- 前髪は目にかからないようにし、明るすぎるカラーは避ける
- おじぎの後に顔に髪がかからないようにまとめる
- ナチュラルメイクを心がける
- スカートの丈はひざ丈、パンツは足の甲にあたる長さを目安に
- 必ずストッキングを着用する
- ヒールの高さは5センチまで

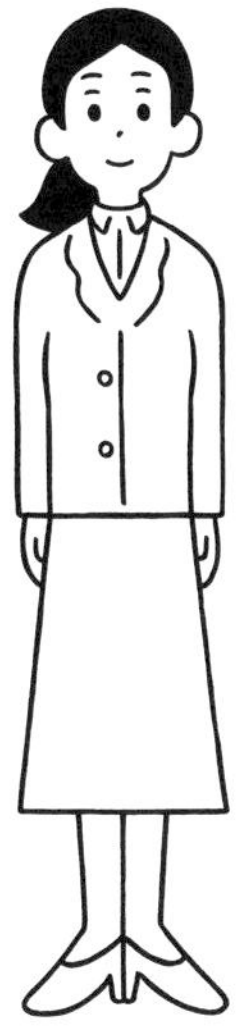

共通

- 寝ぐせ、ふけのない状態にする
- 朝必ず洗顔・歯磨きをする
- 爪は短く切っておく
- シャツの袖口のボタンをとめる
- シワのないスーツやシャツを着用する
- 靴は磨いておく
- ※男女ともに臭いのチェックを忘れずに!（第三者に確認してもらう）

男性

- 前髪は目にかからないように、長髪は避ける
- ひげはきれいに剃る
- シャツの第一ボタンは留める
- ネクタイは緩めない
- 靴下は黒や紺などスーツにあった色のものを履く

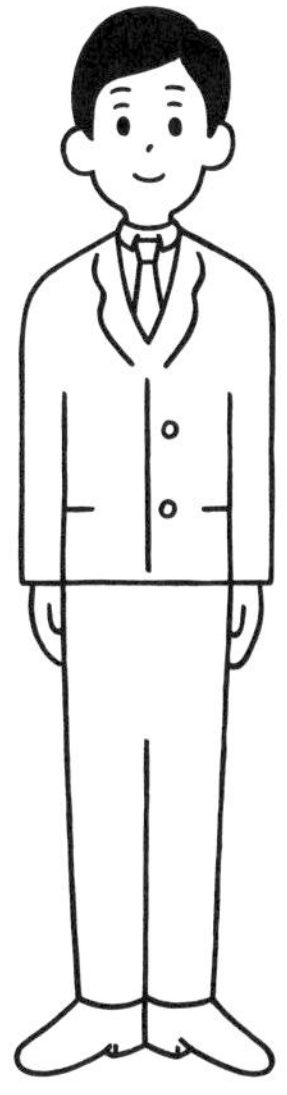

基本のメイクを覚えよう

ここがポイント

- 清潔感のある印象を与えるには、メイクが有効です。
- メイクをする目的を意識しましょう。
- メイクの詳細が知りたいときは、動画サイトやSNSを見るのもよいでしょう。

就職活動に適した基本のメイクとは？

面接や会社説明会などで企業の人と出会うとき、印象を大きく変えるポイントの1つが「清潔感のある顔」です。清潔感やきちんとした印象を強調するのにはメイクが有効です。また、業種によっても、求められる印象が異なることがありますので、採用ホームページなどで、目指す業種や職種で働いている人の雰囲気を調べておくとよいでしょう。

目的はメイクをすること自体ではなく、メイクにより清潔感のある印象を与えられるか、企業が求める雰囲気に近づけるか、ということです。

メイクの方法をもっと詳しく学ぶには？

メイクについては、ユーチューブなどの動画サイトやSNSで「就活　メイク」「面接　メイク」「○○（職種）　メイク」などのキーワードで調べると、手順や使うアイテムが分かってよいでしょう。また、コスメカウンターなどで相談をすれば、自分の顔立ちに合ったメイクのアドバイスが受けられます。

最近は男性もコスメを使うのが珍しくなくなってきました。肌の状態がよくないときや、ひげの青さが目立つときには、肌の色をきれいに見せるベースメイクをしてもよいでしょう。

就職活動にふさわしいメイクのポイント

女性の場合

● 眉
・眉尻から目尻、小鼻の脇を結んだラインが一直線になるようにすると似合いやすい

● 頬
・チークをつけると血色がよく見え、表情が明るくなる

● 唇
・肌色にあった色をチョイス
・色持ちがよく保湿性の高いものがいい

● 肌
・洗顔と保湿をする
・ファンデーションは自分の肌色と肌質に合ったものを選ぼう。下地クリームを塗るとファンデーションが乗りやすくなる

● 目
・マスカラ
就活では定番の「ブラック」を選ぶ
・アイシャドウ
ブラウン系が使いやすい。ラメは少なめのものを選ぼう
・アイライナー
初心者にはぼかせるペンシルタイプがおすすめ

男性の場合

● 肌
・乾燥肌の人は化粧水や乳液をつけて保湿をしっかりしよう

● 鼻
・鼻毛が出ているのは、意外と自分では気づきにくい。専用トリマーやハサミで毎日処理しておくと安心
・鼻の頭に皮脂が出やすい人は、こまめにあぶらとり紙を使うとよい

● 眉
・眉間やまぶたの産毛を処理することですっきりした印象に見えやすい

● ひげ
・濃さが気になる人は、ファンデーションやコンシーラー、クリームで目立たないようにする
・剃り残しを減らすため、カミソリは2週間を目安に定期的に交換するとよい

メールをやり取りする際のマナーとは？

ここがポイント

- メールを活用することのメリットをおさえましょう。
- メールを受け取ったときは、お礼と内容を確認したことを返信しましょう。
- メールを出す際は件名、本文、署名のそれぞれのマナーに注意しましょう。

メールは内容を整理して伝えられる

メールを活用することのメリットは、事前に内容を整理してから伝達できることです。口頭では頭に浮かんだことをそのまま伝えがちですが、メールであれば、伝える内容を吟味、整理し、さらには書いた内容を見直すことができます。また、自分のタイミングで送信することができますし、相手にも都合のよいときに確認してもらえるので便利です。だからといって、理由なく深夜や早朝などの時間に送信することは避けましょう。

返信するときのポイントは？

就職活動を始めると、企業からメールを受け取ることもあるでしょう。相手は、あなたがメールを確実に受け取って中身を見たかどうかわかりません。そこで、受け取ったメールには、メールのお礼と、受け取って内容を確認したことを返信しましょう。簡単に返信することで、相手もあなたがメールを読んだことがわかりますし、採用の段階によっては丁寧な返信の有無が評価の対象になるかもしれません。もし、相手からのメールの内容に不明点がある場合は、質問とあわせて返信するとよいでしょう。ただし、友人にメッセージを送るのとは異なり、ビジネスメールには図のように一定の形式、マナーがあります。マナーを守り、相手が読みやすい文章を書くことを意識しましょう。

メールの書き方のマナー

件名：○月○日就職説明会参加希望 ①

②

本文：○○株式会社 ③
人事部
採用担当 ○○様

○○大学○○学部の山田太郎と申します。④
○月○日に○○で開催される貴社の就職説明会に ⑤
参加させていただきたく、ご連絡をいたしました。

よろしくお願いいたします。⑥

―――――――――――――――――――――
○○大学　○○学部
○○（名前） ⑦
090-0000-0000
tarouyamada @ example.com

書き方のポイント

① 簡潔なタイトルをつけて、何のメールかをわかるようにする

② 手紙を出す場合とは異なり、形式的な挨拶（拝啓、敬具など）は不要

③ メールを出す相手の会社と、所属、名前を最初に書く（敬称は「様」が一般的）
※相手の名前がわからない場合は、「○○株式会社○○部御中」と書くとよい

④ 自分が誰なのかを明らかにする、名乗る
※相手は多くの応募者に対応していることもあるので、自分のことを正確に伝えよう

⑤ 用件を簡潔に伝える

⑥ 文章の最後は、「よろしくお願いいたします。」といった一文で締めくくる

⑦ 最後に署名を明記する。署名には、自分の所属、名前、電話番号、メールアドレスなどを記載する

メールでのコミュニケーションの取り方が難しい

ここがポイント

- メールでのコミュニケーションが難しい理由を理解しておきましょう。
- 誤解を招かないように、目的を明確にした説明を行いましょう。
- 意図がわからないメールを受け取ったら、答える前に相手に確認しましょう。

使い方によっては不信感や誤解を与えることも……

メールは便利ではありますが、使い方を間違えると、不信感を抱かせてしまうことがあります。メールでのコミュニケーションが難しい理由として、まず、相手がメールを確実に見たか、また内容が確実に伝わったかを確認するのが難しいことがあげられます。また、異なる意図で伝わってしまうことも多く、誤解を招きやすいこともあげられます。

メールでは文章のみでやり取りをするため、要件を端的にまとめすぎると冷たい印象を与えてしまうこともあります。さらに、内容を間違って送ってしまうと記録として残ってしまうため、取り返しのつかない事態になることもあります。誤解や間違いが発生しないよう、メールを送信する前に、内容を読み返して確認するようにしましょう。

誤解を招かないメールを書くには?

メールを受け取る相手は、あなたがどのような目的でメールを出しているかを知りたいと思っています。「意見が欲しいです」「報告・共有します」「相談です」など、相手にとって目的がわかるように、メールの件名と本文の両方に記載するようにしましょう。また、メールを受け取る相手は、あなたと同じ情報を持っているとは限りません。相手があなたと同じ情報を持っていない可能性を

念頭におき、理由や背景を説明することで、より具体的に伝えましょう。

意図がわからないメールを受け取ったときは?

反対に、相手の目的がわからないメールを受け取ることもあるでしょう。そんなときは、相手の目的を確認したほうが、間違いのないコミュニケーションがとれます。ただし、「あなたの目的は何でしょうか?」といったようにストレートに聞くと、相手にぶしつけな印象を与えてしまうかもしれません。そのような場合には、「私が理解できていないかもしれませんが、メールの目的は○○ということでしょうか?」というように「相手の伝え方の問題」ではなく「自分がうまく受け取れない」ことを前に出すことで、円滑なコミュニケーションが実現しやすくなります。

誤解を招かないメールを書くためのポイント

1 説明不足にならないように気をつける

例:「遅刻する」という連絡をする場合

×「面接に遅れてしまいそうです」
⇒相手に理由が伝わらないため、「怠慢で遅刻するのかもしれない」などと誤解されてしまう可能性がある

◎「電車が人身事故で止まってしまい、面接に遅れてしまいそうです」
⇒相手に理由が伝わるため、誠意が見られる

2 目的や理由、背景を書くようにする

例:テストと面接の日程がかぶってしまったため、面接の日程変更をしてもらいたい場合

×「テストと面接の日程が重なってしまいました」
⇒事実を報告するだけでは、日程変更をしてもらえない

◎「テストと面接の日程が重なってしまいましたので、面接の日程変更についてご相談できますでしょうか」
⇒「相談したい」という目的が明確にわかるため、相手が対応しやすい

電話をかける際のマナーとは？

ここがポイント

- 電話をかける前の準備を万全にしましょう。
- 電話中に気をつけるポイントと、担当者不在時の対応をおさえましょう。
- もし大切なことを聞き漏らしてしまったら、必ず確認しましょう。

電話をかける前の準備とは？

電話をかけることに苦手意識がある方は、事前の準備をしっかりして臨むと慌てずに済みます。まずは、話す内容をメモに整理しておきます。会社の電話は他部署の人が出ることもあるため、メモには相手の電話番号や名前だけではなく、所属（部署名）も控えておきましょう。

また電話をかける時間帯は、相手が忙しくなりやすい始業や終業の時間帯、昼休みの時間帯は避けましょう。事前に準備していても実際にはうまくいかないこともあります。電話をかける前にシミュレーションをしたり、話す内容を文章にして書いておいたりすることで、安心して電話をかけやすくなります。

電話中に気をつけたいポイント

電話のときは、相手の聞きとりやすい声の大きさでハキハキ話しましょう。電話は相手の顔が見えませんので、声が印象の良しあしにつながる可能性があります。話をする際は、メモなどを見ながら簡潔に伝えることを意識しましょう。また、相手が話し始めたときは、話を最後まで聞いてから、自分の話を始めることを心がけてください。聞いた内容を忘れないよう、手元にメモを置き、大切なことを書き留めながら話を聞くとよいでしょう。ただし、話を聞きながらメモをとるのが苦手な場合は、「確認のために復唱してもよいですか？」と相手に確認し、聞いた内容を復唱しながらメモをと

る方法もあります。

こんなときどうする？

電話をしたら担当者が不在だったという場合もあると思います。そのようなときは、「いつ電話をかけると担当者につながるか」を確認し、改めてかけなおすのが一般的なマナーです。電話に出た方に用件について伝言をお願いしたり、折り返し電話をかけてもらうよう依頼したりする方法もあります。こちらも間違いではありませんが、応募段階では、改めてこちらがかけなおすほうが無難です。

また、いくら気をつけていても大切なことを聞き漏らしてしまうことがあるかもしれません。わからないままにすると、後から相手に迷惑をかけてしまう場合もあるので、再度電話をするか、連絡先メールアドレスがわかっている場合は、メールをして確認しましょう。

電話のかけ方チャート

電話を開始するとき

①自分の所属と名前を伝える
⇒「お忙しいところ、失礼いたします」
⇒「私は、○月△日の新卒会社説明会に参加させていただいた、（○○大学の）○○と申します」

②目的と話をしたい相手の所属と名前を伝える
⇒「求人のことで確認したいことがありますので、○○部の採用ご担当の○○様をお願いできますでしょうか」

話したい相手が出たとき

③改めて自分の所属と名前を名乗る
⇒「私は○月△日の新卒会社説明会に参加させていただいた、（○○大学の）○○と申します」

④要件を確認
⇒「○○について確認させていただきたいと思い、お電話をさせていただきました」

話したい相手が不在のとき

③戻る時間を確認する
「○○様は何時にお戻りでしょうか?」

④かけなおす旨を伝える
「ありがとうございます。それでは、○時にこちらからお電話させていただきますので、○○様によろしくお伝えください」

電話を終わるとき

⑤お礼を述べて、電話を切る
「お忙しいところ、ありがとうございました」「失礼いたします」

オンライン面接の身だしなみ

ここがポイント

- オンライン面接でも、上半身・下半身ともに身だしなみに注意しましょう。
- スーツに白いシャツ、白のインナーを身に着けると明るい印象になります。
- 清潔感のあるヘアスタイルとメリハリのあるメイクを意識しましょう。

身だしなみで気をつけることとは?

オンライン面接では、あなたの姿をカメラ越しに面接官に見られることになるので、通常の面接同様、身だしなみは重要です。オンライン面接では、通常の面接よりも顔が強調されるので、髪型やメイクが特に重要になります。一方で、画面に映るのは顔だけだから、という判断で普段着姿で面接に挑むのはよくありません。また、上半身だけ身だしなみを整えるというのも、万が一カメラが動いたり、立ち上がったりした場合に、身だしなみが整っていない姿が映り込んでしまいます。上半身・下半身ともに、身だしなみには注意するようにしましょう。

オンライン面接での服装・髪型・メイク

「私服で構わない」という指定がない限り、基本はスーツを着用しましょう。シャツやインナーは白を選ぶのがベターです。オンラインの場合、顔の近くに白い色があると反射効果で表情が明るく元気に見えます。可能であれば、照明を工夫して、自分の表情が相手にわかりやすくなるようにするとよいでしょう。

髪型に関しては、前髪が額にかかると、画面では暗く見えてしまいます。明るさ、自然さ、清潔感を重視しましょう。

メイクをする場合、オンラインでは顔の表情のメリハリがつきにくいため、普段よりやや濃いめを意識しましょう。

オンライン面接での身だしなみのポイント

男性の場合

● ネクタイ
青か紺色などのシンプルな柄（チェックやストライプ）を選び、結び目は首元まできっちりと上げよう

● 髪型
明るく清潔に。短髪にするなどして前髪が額にかからないようにする

● カッターシャツ
色は白がベター

女性の場合

● 髪型
明るく清潔に。自然な髪色で、前髪が目にかからないようにする。ロングヘアの場合、お辞儀をした際に顔に髪の毛がかからないように、ハーフアップかひとつ結びをするのがおすすめ

● メイク
メリハリを意識。リップは濃いめの色（例えば、ベージュ系）にすると明るく映るのでおすすめ。眉毛は目線の近くにあり印象を左右しやすいポイントになるので、ナチュラルな形に整えるとよい

● ブラウスやインナー
白色のシャツまたはカットソーがベター

共通

● 下半身　部屋着はNG。オフライン面接と同様画面に映り込むことも想定して、整えておこう

コラム

身だしなみとマナーのあるある

スーツにうっかりスニーカー

発達特性のある方の中で、スーツ姿にスニーカーの方を見かけることがあります。「急いでいてうっかりしていた」という理由が多いようですが、「靴だけ後で買おうと思ってすっかり忘れていた」「前日に雨が降って靴が汚れてしまった」などの理由も見受けられます。

対策として、事前の準備が有効です。寝坊しやすい人や朝の段取りがいつも遅れがちな人は、玄関にある他の靴は片付けて革靴だけを置いておくなどの工夫をしましょう。また、就職活動真っ最中という人であれば、汚れてしまったときのために革靴を2足用意しておくのもおすすめです。

面接前の失敗例

面接官から特に見られやすいのが顔周辺です。目やにがついている、あるいは寝ぐせがついたまま面接に臨めば、すぐに気がつかれてしまいます。目元や口元、髪型やめがねは、面接直前にトイレなどで必ずチェックしましょう。目元や口元、めがねの汚れを拭くためのハンカチやティッシュペーパーを用意しておくと便利です。

また、意外と気づきにくいのが臭いです。面接は個室で行われることが多く、面接官によくない印象を与えてしまう、ということもあり得ます。面接に行く前に食事をする場合は、臭いが残らないようなメニューにするのが無難でしょう。

「自由な服装でお越しください」の意図は？

説明会や面接のときに「自由な服装でお越しください」と書かれていることがあります。素直に私服で参加すると、参加者の中で私服なのは自分だけだった、という経験がある方もいるかもしれません。

企業の意図として「TPOをわきまえた服装ができるかを知りたい」「スーツでは見えない個性を見たい」「本当に全く身だしなみを気にしない」といった理由が考えられます。どのようにしてよいかわからずに不安な場合、スーツで行くほうが無難です。企業の窓口に連絡して服装について確認するなどの対策もあるでしょう。

第7章

面接でとまどわないために

面接に向かう前の心がまえ

ここがポイント

- **第一印象は一瞬で決まってしまいます。準備は入念に行いましょう。**
- **面接のマナーでは、礼儀正しさ・表情・態度が見られます。**
- **面接では誠実に、嘘をつかずにあなたの考えを伝えましょう。**

第一印象の大切さ

諸説ありますが「第一印象は7秒で決まる」という言葉があります。また、有名なメラビアンの法則では、身だしなみと話し方で、93％の印象が決まってしまうとされています。これらのことからも、限られた時間の面接という場で第一印象がいかに大切か、みなさんもおわかりいただけるのではないでしょうか。準備は入念に行いましょう。発達特性のある方のよくある失敗例は、「自分はできている」と感じていても、周りの人からは「できていない」と思われている場合があることです。身だしなみや話し方は第三者にチェックをしてもらってから当日を迎えると安心です。

面接でおさえておきたい基本的なマナー

話す内容はもちろん大切ですが、面接官はあなたの礼儀正しさや表情・態度から、コミュニケーション力やマナー、入社意欲などを見ています。

- **姿勢を正すこと**
- **ハキハキゆっくりと話すこと**
- **相手の話をしっかり聞くこと**
- **キョロキョロせず目線を相手に向けること**

などの基本的な礼儀を身につけましょう。また、「よろしくお願いします」など言葉を先に言った後おじぎをすると所作が丁寧に見えるため、印象アップにつながります。

「本音で話している」と伝わるかがポイント

面接官は、あなたの人となり、考え方が自社に合う人物かを見ようとしています。そのため、誠実に本音で話しているかという点はとても重視されます。嘘偽りなく正直に話しましょう。しかし、思ったことは何でも話していいわけではありません。特に転職する人の場合、前の会社への不満から転職に至るケースもあると思います。例えば、「同僚と仕事の考え方が合わず会社に行くのが嫌になった」という転職理由があったとしたら、「社員同士で話し合いながらお互いの考えを尊重できる環境が自分には向いていると感じた」などと前向きに伝えることで、ネガティブな印象が薄まります。印象が悪く伝わらないか、模擬面接などで第三者に確認してもらいましょう。

内容を前向きに伝えよう

- 就職や転職を希望する理由を具体的に伝えよう
- 待遇面の話や前職の不満ばかりを言わないように気をつける

NG

御社を希望する理由は、給与がよく休みが多いからです。

OK

御社を希望する理由は、私が関心がある仕事ができると考えたからです。サークルで広報活動や集客活動を担い、とても充実していました。この経験から、営業企画やマーケティングの仕事をしていきたいと考えています。

面接の前にチェックしておくこと

ここがポイント

- 前日までに、持ち物と会場へのアクセス方法をチェックしておきましょう。
- 最寄り駅には時間に余裕を持って到着し、会場に入る前に身だしなみを確認しましょう。
- 面接に遅れるときは、落ち着いて企業の担当者へ連絡を入れましょう。

前日までに確認しておこう

普段から忘れものが多い方は、前日に必ず持ち物を確認しましょう。企業によっては、面接時に持参するものが指定されていることがあります。一般的には、面接前に企業側から送られてきたメールや書類に記載されています。特に、必要な書類が揃っていないと、採用選考に進めないかもしれませんので、注意が必要です。また、時間に余裕を持って到着できるように、会場までの交通アクセスを調べておきましょう。

面接会場に入る前のチェック

最寄り駅についたらお手洗いなどで

- **髪やメイクの乱れはないか**
- **人から見える歯に食べ物が詰まっていないか**
- **服装が整っているか**

を確認しましょう。冬場にコートを着ている場合は、会場に入る前に脱ぎ、腕にかけてから入ります。また、会場の近くには会社の関係者がいる可能性があります。会場近くの人目につく場所で身だしなみを整えるのは避けましょう。あまり早く到着すると企業側の準備ができていない可能性もあります。予定の5～10分前に面接の会場へ入りましょう。

もしもトラブルが起こったら?

電車が大幅に遅れている、道に迷ってしまったなどの予期せぬトラブルがあった際には、面接の担当者または人事の窓

口に必ず連絡をします。トラブルが起こったときのことを想定し、企業の情報（担当者の部署と名前・電話番号などの連絡先、面接場所・時間）、困ったときに相談できる連絡先（家族や支援者の連絡先）をノートやメモ帳に記載しておくか、スマートフォンのメモ帳アプリに記しておきましょう。

また、連絡の際は電話をかけて

- **自分の所属とフルネーム**
- **面接場所・時間**
- **遅刻することへのお詫び**
- **遅刻の理由**
- **到着の予定時間**

を伝えます。会場についたときにも遅れて到着したことをお詫びする一言を伝えましょう。動揺して企業にうまく連絡できない場合は、家族や支援者などに連絡して、対応について指示を仰ぐのもよいでしょう。

面接前日のチェックポイント

- □**シャツやズボン（スカート）にシワはありませんか?**
- □**シャツの首元や袖口の汚れは目立っていませんか?**
- □**爪が伸びすぎていませんか?**
- □**靴は革靴ですか?　汚れていませんか?**
- □**お風呂に入りましたか?**
- □**アンダーシャツは適切ですか?　絵や柄、色が透けていませんか?**
- □**（男性）靴下の色は紺または黒ですか?**
- □**（女性）ストッキングの色は適切ですか?**
- □**会場の場所・時間は確認しましたか?**
  電車が遅延した場合の代替手段は考えていますか?
- □**家から会場までの所要時間を調べましたか?**
  利用する交通機関はわかりましたか?
- □**訪問する会社の連絡先と担当者名はメモしていますか?**
- □**持ち物は揃っていますか?**
- □**明日の天気を調べましたか?**
  天気によって持ち物やルートに変更は発生しませんか?
- □**スマートフォンは充電しましたか?**

基本的な面接の前後の流れをおさえておこう

ここがポイント

- **建物に入るときから既に面接が始まっていると考えておきましょう。**
- **入室から退室までの間の立ち居振る舞いにもマナーがあります。**
- **印象がよくなる立ち居振る舞いのポイントを心がけましょう。**

建物に入ってから離れるまで気を抜かない！

採用試験は建物に入るときから始まっています。入ってから出るときまで、気を引き締めておきましょう。よくあるミスは、時間ギリギリに到着し、呼吸も整っていないまま入室してしまうことです。面接官には「時間管理が苦手」「準備不足」と印象づいてしまいます。会場には5~10分前には到着し、落ち着いて臨むようにしましょう。

面接終了後は、建物の近くや最寄り駅には社員の人がいる可能性もあるので、速やかに建物から離れます。休憩をとる際は、会社から少し離れたところで休むようにしましょう。

入退室時のマナーとは？

面接官は、あなたが入室して退室するまでの立ち居振る舞いを見ています。入退室時の一通りの流れを左ページで確認しておきましょう。面接中、面接官から質問されたときは、「はい」と返事をしてから話を続けると印象がよく見えます。話し終わったときは、最後に「以上です」とつけると、面接官はあなたが話し終わったとわかり、会話がスムーズに進みます。相手の話は遮らず最後まで聞き、話を聞くときはうなずきやあいづちを忘れず取り入れましょう。発達特性のある方の中には、会話をしながらあいづちを打つのが苦手な方も少なくありません。日頃の会話からの準備が大切です。

基本的な面接の前後の流れ

1 入室と一礼

① ドアをノック（目安3回）

② 「どうぞ」と聞こえたらドアを開けながら「失礼いたします」と言って入室する。
ドアはガチャンと音がしないように静かに閉める

③ ドアのところで一礼（30度）をする
※そのとき「よろしくお願いいたします」と元気に挨拶してから一礼をするとさらに丁寧

2 イスの横まで移動する

① 姿勢よく歩く（面接官と目を合わせ続けなくてもよい）
猫背になったり、靴を引きずって歩いたりしないように注意する

3 イスの横に立つ

① 入ってきたドアに近い側に立つ。男性は手を身体の横にまっすぐ伸ばす。
女性は身体の前に両手を重ねる（右手が前になるように）

② 面接官の目を見て「○○と申します。本日はよろしくお願いいたします」と挨拶をし、一礼（45度）する

③ 「どうぞ、おかけください」と言われてから
「失礼いたします」と一礼（15度）し、着席する

4 質問に答えているときの姿勢

① イスに半分ほど腰をかける（深く腰かけず、背もたれは使用NG）
男性は手を軽く握り、ひざの上に置く。女性は両手を重ね、ひざの中央に置く。
目線は相手の方を見る

5 お礼と一礼

① 面接終了の合図があったら、座ったまま「本日はお忙しい中、
お時間をいただき誠にありがとうございました」とお礼を述べ、一礼（45度）する

6 最後の挨拶、起立して一礼

① イスの横に立って「失礼いたします」と言ってから、その後一礼（30度）する

② ドア付近まで姿勢よく歩く。
ドアを開けたら退室し、ドアを静かに閉める（面接官と目を合わせ続ける必要はない）

面接で気をつけたほうがよい仕草や癖

ここがポイント

- 自分を客観的に見ることで、無意識に出る仕草や癖を知りましょう。
- 改善には第三者の助言と面接練習が有効です。
- 次回の面接の見通しを持ち、予習をしておきましょう。

無意識に出てしまう自分の癖や仕草を知ろう

仕草や癖は無意識に出てしまうため、面接などの緊張しやすい場面ではなおさら目立つことがあります。まずは緊張したときに出やすい自分の仕草や癖を知りましょう。そのためには、第三者と面接練習をしてフィードバックをもらったり、スマートフォンで自分を撮影して振り返ったりすることが大切です。自分を客観的に見ることで、今まで気づかなかったような、気をつけたほうがよい癖や仕草に気がつくことができます。「自分が面接官だったら採用するか」という視点でチェックすると、より的確な改善点を見つけやすいでしょう。

仕草や癖を改善しよう

面接にふさわしくない仕草や癖は、いくら自分で気づいていたとしても、改善方法がわからないことがあります。また、改善方法がわかっていても、実際の面接の場面ではうまくいかないことも少なくありません。面接練習の数をこなして、改善したことを定着させましょう。

また、発達特性のある方の中には、目線を合わせることが苦手な方が少なくありません。改善方法の例として、相手の口元や首元に視線を置くことがあげられます。ただし、そこ1点を見つめ続けても不自然さが生まれますので、10秒に1回程度目線を外す、という工夫をしてもよいでしょう。このような具体的な改

善方法は1人では考えつかないものも多く、第三者に助言してもらうことが、改善への近道になります。

面接の見通しを持てると安心！

個人面接や集団面接、グループディスカッションなど、面接の種類によって、出やすい仕草や癖も違うものです。次の面接がどの種類の面接なのか、一般的にどのような流れで進んでいくのかが事前にわかっていれば、予習をして、癖などの対策をとることができます。面接を通過したときの連絡メールへのお礼とともに「次回の面接はどのような面接でしょうか？」と企業の担当者に尋ねてみるのも対策の1つになります。また、面接対策用の動画はインターネットで検索をするとたくさんアップされているので、面接前の見通しに一役買うでしょう。

NGとされる仕草や癖チェックポイント

チェック	仕草・癖	ポイント
□	一方的に話しすぎてしまう	相手の質問に適切に答えられているかを確認する
□	目線が合わない、下を向いていることが多い	目線は相手の口元や首元のあたりに置くように意識する
□	あいづちやうなずきがない	あいづちやうなずきを行い、相手に「話を聞いている」と印象づける
□	全く笑わない	少し口角を上げると印象がよくなる
□	面接官が話している途中に口を挟む、遮る	面接官の話の語尾をしっかり聞いてから発言をしよう
□	声が小さすぎる／大きすぎる	第三者からの意見を聞いて、適切な音量で話せるようにしよう
□	煮え切らない言葉の言い方	語尾ははっきり言いきる。「…ですけど」「…なので」などの語尾はNG
□	姿勢が悪い／椅子にもたれかかる	腹筋に力を入れ、背筋を伸ばした姿勢をキープできるようにしよう
□	貧乏ゆすりをする／体をクネクネする	自分で撮影した動画を見ると、行動の癖やパターンがわかる

自己紹介のマナーを知っておこう

ここがポイント

- 自己紹介は約1分が目安。
  200〜300字程度にまとめておきましょう。
- 「名前」⇒「内容」⇒「締め」の構成を意識しましょう。
- あなたの強みや今後の可能性につながる内容を伝えるとよいでしょう。

印象をよくするコツ

面接官は、自己紹介であなたのキャリアやアピールポイントを聞くとともに、印象を感じ取ろうとしています。そのためには、「印象をよくする」ということが大切です。

自己紹介は、約1分（200〜300字程度）にまとめることが目安です。構成は、「所属と名前」⇒「内容（新卒の場合、大学などで勉強してきたことや趣味・部活・サークル。転職の場合、今までの仕事など）」⇒「締めの言葉（意気込み）」の流れで作成します。この流れを守った上で、礼儀正しい態度や姿勢をキープできれば、印象のよい自己紹介をすることができます。

新卒と転職の自己紹介の違いは？

新卒の方の場合、大学などで勉強してきたこと、部活、趣味など、話のとっかかりになりそうなことを伝えます。企業はあなたの強みや可能性に期待をしているので、人柄や前向きに取り組んできたことが伝わる話題を出しましょう。

職歴のある方の場合、企業はあなたの経験やスキルが自社の職場で活かせるかを見ています。同じ職種で転職をするのであれば、経歴や実績にも触れましょう。他職種から転職をする場合は、職種を変えようと思った理由を一言入れ、経験と今後の仕事に活かせそうなことの共通点を伝えられると納得感が増します。

自己紹介の流れ

名前

山田太郎と申します。本日は貴重なお時間をいただきありがとうございます。

まず名前を述べ、今回の面接に対しての感謝を述べる

内容　新卒の場合の例

私は、〇〇大学文学部で、日本文化を研究するゼミに所属しています。その中でも、鎌倉時代の武士文化に関心があり、現在研究を進めています。

また、部活動ですが、大学から始めた弓道部にのめり込み、3年間、ほぼ毎日取り組んできました。

そして、趣味は海外のファミリードラマを見ることです。

- 大学や学部、ゼミ、研究テーマなどについて話す
- 部活動・サークルや、アルバイトなどの活動や、趣味などを織り交ぜる（あなたの強みや可能性につながる話題が望ましい）

内容　転職の場合の例

私は、WEBサイトの更新やSEO対策、WEBマーケティング調査などの仕事をしておりました。当時手がけていたサイトは、キーワード検索で10位だったところを1位までアップさせることができました。もちろん私1人の力ではなく、チームの成果ですが、WEBサイトの仕組みやSEO対策については経験があります。

- 経験をもとにした自己PRをする
- 「取組内容」＋「成果」＋「自分がどのように貢献したか（成長したか）」の順に話す

締め

今日は面接でお話ができることを大変楽しみにしてまいりました。

どうぞよろしくお願いいたします。

意気込みや締めの言葉を述べる

面接における自己PR

ここがポイント

- 結論⇒理由・エピソード⇒まとめの順に伝えることを意識しましょう。
- 面接における自己PRは、意欲が伝わることが大事です。
- 意欲は表情・声量・事前準備によって伝えることができます。

面接での自己PRの伝え方

面接は、限られた時間の中で「いかに自分のことをわかりやすく伝えられるか」が求められます。何を言いたいのかわからない伝え方になることが1番よくありません。おさえておきたいのは、

①結論
②理由やエピソード
③まとめ（結論の再掲示／あなたの強みをどのように会社で活かせると考えているか）

の順番で伝えることです。この順で話すことができれば、「言いたいことをうまく伝えられないかもしれない」という不安は軽減できます。

発達特性のある方は意欲が伝わりにくい？

面接は企業が自社に合う人を採用できるかを見極める場ですので、応募者がどれだけ意欲を持って選考に臨んでいるかを重視します。しかし、発達特性のある方の中には、意欲は十分にあるものの、うまく表に出せない、伝わりにくい方も一定数います。その場合、事前準備（自己PR、企業への質問の作成や練習）や、自分から伝えようとする姿勢（表情の作り方や声の出し方など）を持つことが大切です。ぶっつけ本番で曖昧な回答を繰り返す人より、事前に準備をしてきたことが伝わる人の方が、面接官に与える印象がよくなります。

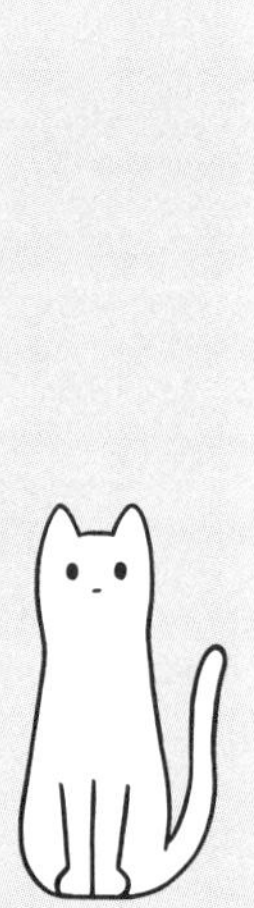

企業の事前研究の内容を交えて意欲を伝えよう

企業の事前研究をしていくことでも、意欲が伝えられます。例えば、「自分の強みを会社でどのように活かせそうか?」という質問があったとします。そのとき、企業の求める人物像や仕事について知っていると、「貴社の求める人物像である〇〇と合致すると思います」「貴社の求める〇〇の仕事内容に活きると考えています」と説明ができます。

企業に対する事前研究としては、例えば、会社概要(拠点や歴史)、事業(主力商品・サービス)、求められる人物像や仕事内容、最近のトピックス(新商品・新サービス)などがあげられます。多くの企業ではHPや求人情報を見ればこれらの情報が掲載されているので、事前に確認しておくとよいでしょう。

自己PRの流れ

自己PRをお願いします。

私は、几帳面で信頼できると人から言われます。 ［結論］

実際、約束ごとや期日は今まで一度も破ったことがありません。それは1つずつの約束や期日を守ることで、人との信頼関係を築き、深めていくことができると思っているからです。また、その性格が功を奏して、スケジュール管理や納期管理も得意になりました。 ［理由・エピソード］

今後も、自分にまかせられた役割をしっかりと担い、より信頼してもらえたり、一緒に仕事がしたいと思ってもらえるような人材になることを目指します。 ［まとめ］

面接でよく聞かれる質問

ここがポイント

- **これさえ整理しておけば怖くない、面接で聞かれる3分野をおさえましょう。**
- **コミュニケーションが苦手でも、よく聞かれる質問に回答を準備をしておくと安心です。**
- **質問には「結論」「理由・根拠」「まとめ」の順番で答えを考えておきます。**

質問は大きく3分野ある

面接ではさまざまな質問をされます。どんなに準備をしていても想定外の質問が飛んでくることはよくあります。しかし、実は「①あなたについて（人柄や今後のキャリアの展望）」「②会社への志望度や意欲」「③あなたのスキル」の3分野を整理しておけば、どんな質問にも答えやすくなります。

例えば「あなたを表す色は？」という質問は、想定外な質問かもしれませんが、意図は①について知りたいということです。もし答えを用意していなくても、自身の性格について、勉強熱心や情熱的といった情報が整理してあれば、「赤です。理由は○○だからです」など と臨機応変に答えることができます。

上記3分野については、どのような面接においてもかなりの確率で聞かれます。そのため、その質問に答えられる準備をしておくことが大切です。「コミュニケーションが苦手だから面接も苦手」という方であっても、面接はある程度質問が予測できるので、相手に伝わりやすい回答を考えておくと安心です。

答え方の「型」を覚えよう！

わかりやすく伝えるために、「結論」＋「理由・根拠エピソード」＋「まとめ（結論の再提示）」の順に整理し、100〜300字程度にまとめておくとよいでしょう。理由・根拠は、具体性があり、納得感があることが大切です。

分野ごとに想定される質問

あなたについて	・自己紹介をしてください ・あなたの性格を教えてください（長所・短所） ・仕事をする上で大切にしたい（している）価値観はなんですか ・入社後にどのような人になりたいですか ・10 年後の自分はどのようになっていると思いますか
会社への志望度や意欲	・当社を選んだ理由はなんですか ・当社の印象を教えてください ・同業他社と当社の違いはどのようなところだと思いますか ・他の企業は受けていますか
あなたのスキル	・新卒：学生時代に力を入れたこと（学業・サークル・アルバイト・ボランティア活動等）は何ですか ・転職者：前職の経験から得た学びは何ですか

答え方の「型」を使った回答例

例1）あなたの長所を教えてください。

私の長所は聞き上手なところです。（結論）
人の話を聞くときは話をさえぎらず、話題が広がる質問をするよう心がけています。アルバイト先のミーティングで司会担当になってからは、店長に「前より議論が活発になった」と声をかけてもらえました。（理由・根拠エピソード）
今後は、この長所を御社の意見交換の場で役立てたいです。（まとめ）

例2）当社への志望動機を教えてください。

私は「栄養で人の健康を支えたい」と考え御社に応募しました。（結論）
1 人暮らしを始めた当時、不摂生な生活で体調を崩したのですが、栄養士の母がつくりに来てくれた食事でみるみる回復した経験があります。そのとき、「健康には栄養が必要だ」と身をもって実感しました。そこからは、忙しいときでも御社の健康食品を取り入れるようになり、今では病気知らずです。（理由・根拠エピソード）
今後は御社の製品に携わり、不摂生な現代人の健康を支えたいと考えています。（まとめ）

質問されたとき、とまどってしまったら

ここがポイント

- とまどっても大丈夫。面接官には率直に伝えて、時間をもらいましょう。
- 完璧に答えられなくてもOKということを知っておきましょう。
- どうしても答えられないときは想定質問リストを見て答えましょう。

頭が真っ白になったら、率直に伝えてみよう

質問に対してテンポよく答えることは大切ですが、中には頭が真っ白になってしまう質問もあるかもしれません。そうなったときは、頭を整理する時間をもらいましょう。「考えを整理したいので少し時間をいただいてもよろしいでしょうか」と丁寧な口調で伝えると、面接官も学生が緊張していることは理解していますから待ってくれることが多いです。ただし、考える時間はおおむね10～20秒程度と想定しておくとよいと思います。

「面接は完璧でないといけない」と考えがちですが、面接は総合的な評価で採否が決まるため、1つの質問にすぐに答えられなかったとしても、それだけが理由で不採用になるわけではありません。

完璧でなくても答えられる範囲で

「完璧に答えないといけない」と思ってしまうと、それが逆に自分へのプレッシャーになり、うまく言葉にしづらくなることがあります。まずは、「完璧でなくてもOK」と心がけるようにしてみましょう。またわからないときは、素直に「わかりません」と伝えることもありです。わからないにも関わらず時間だけを引き延ばし、何が伝えたいのかわからないほうが印象はよくありません。どんなに粘っても自分の答えがまとまらないときは「すみません、今すぐに答えが浮か

びません」と伝えて、次の質問に意識を切り替えるようにしましょう。

想定質問リストを用意しよう

準備していた回答が緊張で答えられなくなったときに備えて、想定質問リストを用意しましょう。最初から最後までリストを見ながら面接に臨むことはよくありませんが、頭が真っ白になってしまったときに限り、「しっかり答えたいのでメモを確認させていただいてもよろしいでしょうか」と確認をとった上で、メモを見ながら答えることも手段の1つです。企業の方も資料や質問リストを見ながら面接しているわけですから、問題ないと判断する企業もあるでしょう。取り出しやすいポケットなどに入れておき、メモ帳の中から必要な情報をすぐに調べられるようにしておきましょう。

質問されたとき、とまどってしまったら

質問の意図を確認する

→質問の意図を再確認するか、さらに詳しい説明をお願いする

- 的外れな回答をするより、「こんなことを聞いても大丈夫かな?」と思ったとしても、面接官の意図をしっかりと確認をするほうが望ましい
  確認例：「すみませんが、もう一度お願いできますか?」
  「質問の意図は、〇〇ということでしょうか?」
- 面接終了後、面接対策本やインターネットで調べる、友達に聞くなどして、そのまま放置せずに次の面接に備えて対策をとっておくことが大切

とまどわないような準備を行う

→想定質問リストを用意しておく

- 自己PR、志望動機、取り組んで来たこと、性格（長所、短所）、キャリアビジョン、成功体験については、69ページを参考に準備しておく
- 面接官に聞かれた質問の中で、また聞かれそうだと思ったものは、想定質問リストに加えておくとよい

企業への質問、どんなことを聞けばいい？

ここがポイント

- 「企業への質問」では、就労意欲と質問力が見られています。
- 職場環境についての質問が、就労後に役立つ可能性があります。
- すぐわかる内容や、単なる興味関心、企業の不祥事は避けたほうが無難です。

ここで差がつく「企業への質問」

面接の最後に「何か質問はありますか」と尋ねられることがしばしばあります。つい「ありません」と答えてしまいそうになりますが、企業はあなたが本当に自社に興味を持っているのか、疑問に思ったことやわからないことをきちんと質問できるかなどを見ているのです。きちんと事前に用意しておきましょう。また、これはあなたの就労への意欲や質問力が問われているとともに、企業側も応募者からの質問に的確に答えることで、会社をアピールしたいと考えています。

聞いておくとよい質問

一般的には、企業の経営方針や風土、求められる能力、キャリアパスについての質問がよいとされています。例えば、発達特性のある方が聞いておくとよい質問として、次のものがあります。

○職場について

- **配属可能性がある部署（社内か客先か）**
- **社内の雰囲気**

○仕事について

- **新人の研修制度の有無**
- **仕事を覚えるまでの上司の関わり度合い**
- **仕事の進め方はチームか個人か**

加えて、転職する方なら配属される職場が決まっている場合もあるので、勤務場所の具体的な職場環境（人の多さ、騒がしいのか、静かなのか）について確認するのもよいでしょう。発達特性のある

方は周りの環境によって自身のパフォーマンスが左右される方も少なくありません。事前に職場の雰囲気や環境をイメージできると早期離職のリスクを軽減することができます。

避けたほうがいい質問は？

ＨＰを見たらすぐにわかる内容や、単に興味があって知りたいという内容の質問は、面接官にマイナスな印象を与える可能性があります。また、過去の事件・事故など、企業の不祥事に触れることも避けたほうが無難でしょう。ただし「御社は過去の事故を踏まえて、〇〇の改善をされているようにお見受けします。社内で改善の仕組みをどのように運営されていますか？」などのように、面接官も理解できる意図を添えることで、ポジティブにとらえられることもあります。

企業への質問、どんなことを聞けばいい？

聞いておくとよいこと

● 周囲とコミュニケーションを取りながら仕事を進めることに不安がある人
・仕事はチームで進める傾向にあるか
・1人でもくもくと進める傾向にあるか
・連絡に使うツールにはなにがあるか

● 思い立ったことをすぐに実行したくなる人
・慎重に検討してから実施する傾向があるのか
・チャレンジを許容する傾向があるのか

● 手で書くと誤字や脱字が多い人
・日々の文書作成や報告はパソコンで実施できる環境か

● 聴覚過敏傾向のある人
・電話や会話、騒音などが頻繁にある騒がしい職場環境かどうか

聞かないほうがよい質問

● HPやパンフレットに掲載済みのことや、説明会で既に聞いた内容
例：御社の事業内容はなんですか？
→調べていないことが伝わってしまう

● 個人の興味関心だけで質問すること
例：御社のCMタレントは誰が決めているのですか？
→質問の意図が伝わらない

● 休日や福利厚生、待遇に関する質問
例：給与や賞与はどれくらいですか？
→雇用条件ばかり気にしている人とみられやすい

● 過去の事件や事故についての質問
例：過去に起きた○○の事故について、どのようにお考えですか？
→質問の意図が伝わらない上、面接官によくない印象を与えてしまう可能性がある

オンラインでの面接対策

ここがポイント

- 面接場所、ネット環境、照明、カメラの位置を事前に確認しましょう。
- 通常よりもはっきり大きな声で話しましょう。
- キーワードをメモに記すとき、ディスプレイ上部に貼り付けると目線が下がりません。

面接場所や背景の設定はどうする？

オンライン面接は、カフェなどの騒がしく不特定多数の人がいる環境や、自宅で家族が行き来する場所は適しません。自宅の雑音が少なく静かな部屋を選びましょう。また、ネット環境が安定していることも重要です。カメラやイヤホン（あるいはヘッドセット）などのオンライン面接に必須な機材を準備し、画像や音に問題がないか、事前にテストしましょう。

画面越しに家の中が映ることを想定して、部屋を片付けるなどの準備も必要です。ＰＣやオンライン面接のアプリケーションによっては、背景設定を変更（バーチャル背景）して無地や会議室のような設定にすることもできます。

ポイントは、あなたの顔がクリアに面接官に伝わるようにすることです。部屋の明るさやカメラの位置、角度を調整しましょう。面接直前に準備するとうまく対応できない可能性もあるため、事前に服装やメイクなどもすべて本番同様に整えてから試すとよいでしょう。

オンライン面接のマナー

多くの面接では、企業からオンライン面接用に接続ＵＲＬを指定されます。指定された内容にしたがって、接続しましょう。面接官とオンラインでつながるとき、突然面接が始まるような感覚になり焦ってしまうかもしれません。あらかじめ心の準備ができるように、時間に余裕を持ってスタンバイしておきましょう。また、オンラインでは、自宅の通信環境の事情などから、声が聞こえにくくなることがあります。通常よりはっきり大きな声で話すことを心がけましょう。

なお、面接場所が自宅であることもあり、緊張感に欠けてしまうかもしれませんが、通常の面接同様、立ち居振る舞いも見られていることに注意しましょう。

必要なものは手元に置こう

オンライン面接では、面接でのやり取りに備え、手元にメモを置いておけるメリットがあります。ただし、何かを読んでいることが面接官に伝わらないように、「これだけは伝えたい」というキーワードのみをメモに記し、目線が下がらないようにディスプレイ上部などにテープで貼り付けておくとよいでしょう。

オンライン面接での環境設定

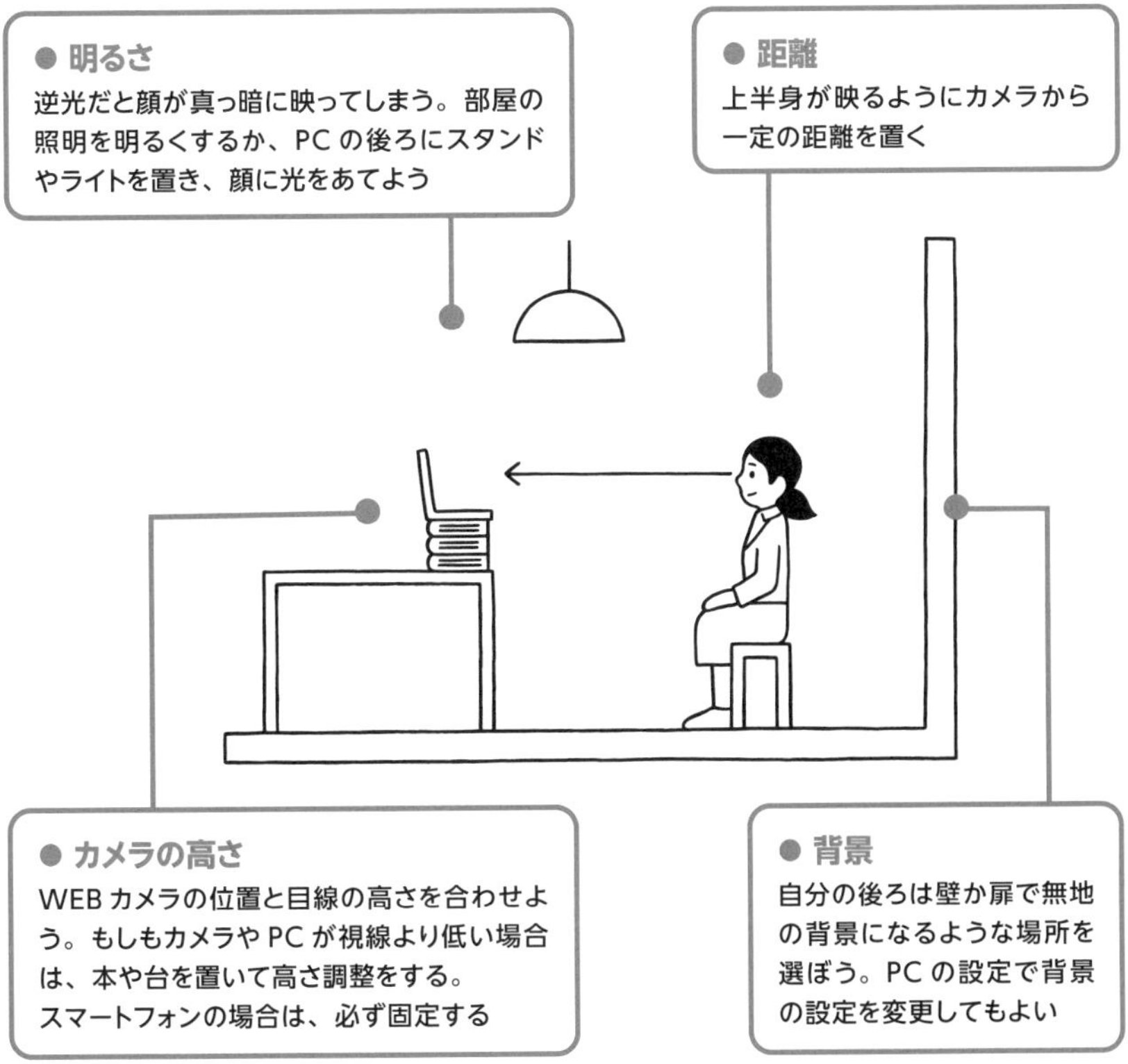
● 明るさ
逆光だと顔が真っ暗に映ってしまう。部屋の照明を明るくするか、PC の後ろにスタンドやライトを置き、顔に光をあてよう
● 距離
上半身が映るようにカメラから一定の距離を置く
● カメラの高さ
WEB カメラの位置と目線の高さを合わせよう。もしもカメラや PC が視線より低い場合は、本や台を置いて高さ調整をする。
スマートフォンの場合は、必ず固定する
● 背景
自分の後ろは壁か扉で無地の背景になるような場所を選ぼう。PC の設定で背景の設定を変更してもよい

コラム

グループディスカッション対策

グループディスカッションとは？

新卒採用活動において、グループディスカッション（以下、GD）が行われることが多々あります。GDは、応募者同士が話し合う形態の採用選考です。応募者は数人のグループに分けられ、与えられたテーマに対して話し合い、制限時間内に結論を出すことが求められます。話し合いの中での発言や態度などが見られ、主にコミュニケーション力、協調性、思考力などが評価されます。GDでは、グループメンバーと円滑にコミュニケーションをとること、展開する話についていくことが求められます。そのためには、タイミングよく口を挟んで発言したり、話をまとめたりすることも必要です。発達特性によっては、難しさを感じることもあるかもしれません。

コツは1つの役割を極めること！

そこで発達特性のある方のGD対策として、「1つの役割を極める」ことをおすすめします。GDの本質は「どうやってチームに貢献するか」です。多くの企業ではチームで仕事を進めます。GDの目的は学生がチームの中でどのように振る舞うかを把握することです。そのため、どれだけ議論をリードしようと、チームとして議論を進められていなければ評価は下がります。GDでは、学生間で役割を決めることが多いです。例えば、司会、書記、タイムキーパー、発表者を決めることが一般的です。自分ができそうな役割を1つ決め、練習・本番問わず、必ずその役割を担当することとし、貢献するとよいでしょう。

役割を極めるための準備

自分の役割を固定化すると、GD中の対応のパターンが把握できます。そのため、チームの雰囲気や与えられたテーマに関わらず、議論に参加することが容易になります。体験型セミナーなどで繰り返し練習すると、必然的に慣れ、成長していきます。1つの分野に特化することで、多くの経験値を積んでください。得意なことを活かして役割を極めることが、GD対策のコツです。

第 8 章

就職活動を
もっと効率よく進めよう

就職活動に集中できていないと感じたら

ここがポイント

- **就職活動に集中できていない要因を書き出して把握しましょう。**
- **集中するためには優先順位づけが大切になります。**
- **集中できないときはいったん就職活動から離れることも1つの方法です。**

集中できない要因はなんだろう?

就職活動に専念できない要因として、

- **他に優先すべきことや気になることがある場合**
- **具体的な計画が立てられていない場合**

などがあげられます。例えば新卒の場合、単位取得で手いっぱいになってしまい、就職活動まで手が回らなくなることがあるかもしれません。転職活動時においても、既に企業に勤務している場合は、日々の業務がある中で、なかなか転職活動のための時間がとれないことがあるでしょう。まずは今の状況を書き出してみて、集中できない要因を把握することから始めましょう。

集中するために優先順位をつけよう

集中できていない要因を把握できた後は、その要因を取り除くため、作業に優先順位をつけるようにしましょう。優先順位を決めて取り組むことで、やるべきことに集中しやすくなります。新卒の場合、テスト期間は単位取得に集中し、春休みの間に就活対策を行うといった優先順位をつけることで集中しやすくなります。就職・転職に関わらず、一時的に趣味の時間を減らして、集中できる時間を捻出することも対策の1つです。優先順位を決めた後は、計画に基づいた行動に集中しましょう。本来やるべきだったことを後回しにしないことが大切です。

集中できないときはいったん離れてみる

就職活動をする中で、うまくいかないことが増え、ストレスや不安がたまってしまうこともあるでしょう。また、どうしても就職活動に集中できない時期があるかもしれません。そういったときは、思い切っていったん就職活動をストップし、期限を決めてゆっくりしたり、趣味で気分転換したりするのも1つの方法です。集中できないまま就職活動に臨んでも結果が出ず、さらにストレスがかかる悪循環に陥ります。自分らしさを取り戻し、集中した状態で再度就職活動に臨むほうが結果につながることもあります。特に就職活動が長期にわたってきた場合には、1つの選択肢として検討してほしいと思います。

就職活動に集中するための優先順位のつけ方の例

	重要である	重要ではない
緊急である	① ・単位取得のためのレポート提出 ・締め切りが近いエントリーシート提出	③ ・あまり関心がない企業ばかりが参加する合同説明会
緊急でない	② ・就職活動全体の計画作成 ・何度も使える自己PRシート作成	④ ・ゲームなど暇つぶしの時間 ・だらだらとした電話やチャット

ポイント

① 最優先で取り組もう
② 計画的に取り組むことで成果につながりやすくなる
③ 重要でないものは思い切って実施しないことも検討しよう
④ できるだけ減らそう。ただしリフレッシュにつながることもあるため、一定時間を確保してもよい

※優先順位が決まったら、24、25ページを参考にしてスケジュールに落とそう

就活セミナーをうまく活用しよう

ここがポイント

- 集合型就活セミナーでは情報収集に努めましょう。
- 体験型就活セミナーではより実践的な体験ができることもあります。
- 個別相談を活用してあなたの課題に合わせたアドバイスを受けましょう。

集合型の就活セミナーで情報収集をしよう

大学や行政、民間企業が主催し、学生や既卒者が多数参加する集合型の就活セミナーは数多く存在します。そうした場では、一般的な就活のトレンドや、就活を進める上での標準的な情報を得られることがあり、大切な情報源になります。

一方で、集合型のセミナーは大人数が参加することが多いため、内容についていけなくても、わからないことを相談できないままセミナーが終わってしまう可能性があります。消化不良で終わってしまうことがあるかもしれませんので注意が必要です。

体験型の就活セミナーでより実践的な体験をしよう

「面接練習など実際の体験をしてみたい」という場合は、体験型就活セミナーに参加するのがよいでしょう。体験型就活セミナーでは、面接ロールプレイに参加したり、取り組んだ内容に対して個別アドバイスを受けられたりします。

体験型就活セミナーに参加する場合は詳細の説明を読んで、

- **何を教えてもらえるのか**
- **想定参加人数**
- **ロールプレイや個別アドバイスの有無**

などを把握しましょう。詳細が書かれていない場合は、事前に主催に問い合わせて内容を確認するとよいでしょう。

個別相談で自分特有の課題を解決しよう

実践的な体験を積みたい場合、体験型就活セミナーへの参加だけでなく、キャリアセンターのキャリア面談や、行政が実施する個別相談を活用するのも有効でしょう。個別相談の場合は、個人のニーズに応じたアドバイスをくれたり、面接練習に協力してくれたりします。就活の中で生まれる一般的な悩みに加えて、発達特性による苦手なことへの対策などについても相談するとよいでしょう。なお、個人面談では担当者が毎回同じ場合と、毎回違う場合があります。キャリアセンターや行政の方針によりますが、相性がよい担当者がいればその人に続けて相談できないか尋ねて、継続性を持って課題解決に向かうとよいでしょう。

セミナーごとの特徴

	メリット	注意点
集合型就活セミナー	・就活のトレンドや標準的な情報がわかる ・他の学生や既卒者を見ることで刺激を受けられる	・わからないことを個別に相談しにくい ・説明が中心のため、本番のイメージがしづらい ・他の学生や既卒者と自分を比較して焦ってしまう
体験型就活セミナー	・体験できる内容が多い ・実践的で効果を感じやすい ・個別にアドバイスを受けられることも多い	・定員がすぐ埋まってしまう ・開催の情報をキャッチしづらい
個別相談	・就活での個人的な苦手や悩みが相談できる ・ロールプレイに協力してもらえることがある ・毎回同じ担当者であれば、継続性を持った相談ができる	・毎回同じ人に担当してもらえない可能性もある

就職活動の振り返り方

ここがポイント

- 就職活動を定期的に振り返ることがよい結果につながる近道です。
- 何のために振り返るのか目的を意識して振り返りましょう。
- 「できたこと」「課題」「今後やるべきこと」の順番で振り返りましょう。

振り返りをして同じ失敗を防ごう

最初から就職活動がうまくいく人はあまりいません。実際に内定を得た多くの方が、就職活動中に「うまくいかなかった」という経験を抱えているものです。就職活動ではたくさんの内定を得ることが大切なのではありません。自分に合う1社を見つけることが大切です。

そのためにも、1つ選考が終了した時点で終わりとせず、経験を振り返るようにしましょう。そうすることで、同じ失敗を繰り返す可能性が低くなります。振り返りは学びと成長につながり、最終的によい結果にたどりつくための近道になります。

経験後すぐに振り返ろう

振り返りの主な目的は次の3つです。

- **できたこと／できなかったことを振り返り、今後の対策を考える**
- **目標の実現に向けてよりよい行動ができるようになる**
- **自身の成長につながる気づきを得る**

就活対策講座、筆記試験、インターンシップ、面接など、就活準備段階から就活本番までの経験を振り返り、記録に残すようにしましょう。紙の書類の整理や保管が苦手な方は、スマートフォンのメモ帳アプリなどを活用しましょう。何かあったらすぐ記録できますし、いつでも振り返りの内容を確認できるので、就職活動がスムーズに進みます。

振り返りを行うときは「KPT法」で!

振り返りには「KPT法」の活用がおすすめです。KPT法とは、振り返りにより改善を図る手法です。

①K(keep):できたこと
②P(problem):課題
③T(try):気づきや今後やるべきこと

の順に実施していきます。

モチベーションが下がらないように、K(できたこと)から始めましょう。その上で、T(気づきや今後やるべきこと)では具体的な対策を考えます。

客観的な振り返りを行えているか自信がない場合は、周囲の人からの協力を得ましょう。周囲の目線から客観的にできていることや改善点のフィードバック、今後の対策についてアドバイスをもらいましょう。

就職活動振り返りシートの書き方の例

種別	□面接 ☑グループディスカッション □筆記試験 □インターン・実習 □説明会 □その他
日付	○○年○月○日
内容	グループディスカッション対策講座
できたこと (Keep)	今日の講座を通して、グループディスカッションとはどういうものなのかを知ることができた。自分からもいくつか意見を述べることができた。
課題 (Problem)	合意形成のワークでは、全員の意見を聞いた上で、チームの意見をまとめていくのが難しかった。
気づき・次に向けての改善事項 (Try)	他の人が出した意見に対して意図が理解できないこともあったので、「なぜそう思ったのか」を聞くようにする。

ポイント

- **項目別に振り返ろう**
- **よかった点が思いつかないときは、以前と比べて少しでもできるようになったことや自分なりに頑張ったことを書き出そう**

選考に落ちてしまったら？

ここがポイント

- 「選考に落ちる＝能力やスキル、経験が不足している」ではありません。
- 応募した会社が自分に合っていたか、企業選びの基準を見直してみましょう。
- 自分自身に改善できる点がないかもしっかり振り返りましょう。

必ずしも能力不足が原因ではない！

応募した企業の志望度が高ければ高いほど、選考を通過しなかったときはショックを受けてしまうかもしれません。しかし、必ずしも「選考に落ちる＝能力やスキル、経験が不足している」ということではありません。企業は自社の人材ニーズや社風に合う人材を採用したいと考えています。能力やスキル、経験があっても、会社が求める人材要件にマッチしなければ、選考を通過しないこともあります。必要以上に落ち込む必要はなく、もっとあなたに合う会社があるはずだと考えて気持ちを切り替えるようにしましょう。

企業選びの基準を振り返っておこう

自分に合わない会社をたくさん受けたとしても、内定にはつながりにくいものですし、入社後も苦労します。応募した会社が自分に本当に合っていたのかを振り返っておきましょう。その際、自分の発達特性や強み、経験が評価される業種や職種だったのかを中心に考えてみるのがポイントです。応募する業界や職種を変えるのであれば、改めてＯＢ・ＯＧ訪問をするなどして知識をつけたり、スキルを身につけるために訓練や勉強の時間を持ったりすることも必要になるかもしれません。

課題を見つけて改善しよう

企業選びの基準の見直しとあわせて、自分自身に改善できる点がないかを振り返っておくことも必要です。選考ごとに振り返りシートを用意していますので、自身の課題を探してみてください。そして、次の選考までにそれらをどう改善していくのか、具体的に計画を立てていきましょう。例えば、

○誤字脱字があった

提出前に必ず第三者にチェックを頼む

○面接で焦って早口になってしまった

本番前に面接練習を行う回数を増やすなどのように計画立てをすると、「内定を得るために次はどんな行動をすべきか」が明確になります。計画に基づいて1つひとつ改善に取り組むことで、応募書類や面接がレベルアップし、内定につながりやすくなるでしょう。

応募書類の振り返りシート

	応募種類の準備と内容
□	書類作成に十分な時間が取れたか
□	設問に対して適切に答えられていたか
□	自分自身のことを適切に表現できていたか
□	空欄はなかったか
□	提出した書類をコピー(保存)できていたか
□	書いたことから、面接で聞かれそうなことを想定していたか

	改善計画(なにが課題か。次はどう改善していくか)
課題	(例)応募書類に誤字・脱字があった
改善	(例)提出前に必ず第三者にチェックをお願いする

面接振り返りシート

面接前の準備	
□	家を出るまでの準備はスムーズにできたか
□	道に迷わずに、余裕を持って時間前にたどり着けたか
□	忘れものはなかったか

面接でのマナー	
□	面接室への入室・退室方法は守れたか
□	挨拶は問題なくできたか
□	身だしなみを確認してから面接に挑めたか
□	(コートや傘などの)小物類は適切に扱えたか

表情や態度	
□	顔の表情は意識することができたか
□	話し方、話すテンポは適切だったか
□	失礼な態度や仕草はなかったか
□	声のトーン、大きさ、スピードは適切だったか

質問への受け答え	
□	一般的な質問(自己紹介や自己PR等)への回答は十分準備できていたか
□	話は結論から伝えられたか

面接後(企業からのどのようなことを聞かれ、なんと答えたか。)	
質問	(例) あなたの強みは何ですか?
解答	(例) 私の強みは、チャレンジ精神があることです。 前職では、初めての業務であっても、自分で調べて、成果を上げる努力をしてきました。

改善計画(なにが課題か。次はどう改善していくか。)	
課題	(例) 面接官の質問に答える際、焦って早口になってしまった
改善	(例) 本番前に面接練習を行う回数を増やす

自己分析・企業分析の振り返りシート

自己分析	
□	過去を振り返って、自分の得意や苦手を把握できていたか
□	経験や日常生活から強みを見つけられたか
□	苦手を得意に置き換えられたか
□	興味関心と得意なことを分けて考えられたか
□	第三者の意見（他者評価）を聞けたか
□	苦手なことへの対策は考えられたか

業種・職種・企業分析	
□	業種や職種ごとの特徴を調べ、比較できたか
□	応募した企業でどのような仕事が行われているのか把握していたか
□	必要なスキルや経験はわかっていたか
□	倍率や、将来性まで調べられたか
□	業務や職場環境が自分に向いていたか
□	専門スキルがある場合、それを活かせる企業だったか
□	OB・OG訪問や職場見学などで、働く人からの情報を得られたか

改善計画（なにが課題か。次はどう改善していくか。）	
課題	（例）自己分析が十分にできていなかったため、自信を持って面接に臨むことができなかった
改善	（例）自己分析チェックリストの内容に1つひとつ回答を作成してから、面接に臨む

コラム

遠方への移動で気をつけること

移動手段には何がある？

遠方の移動には、高速バスや新幹線、飛行機などを使うでしょう。公共交通機関があまりない地域においては、自家用車やタクシーを活用することもあるかもしれません。最近はオンラインでの就職活動が増えているため遠方への移動は減っていますが、それでも現地見学を実施したり、最終面接は直接顔を見て行いたいといった理由から、移動が発生したりすることもあるでしょう。遠方への移動には大きな費用がかかるため、どうすれば費用をかけずに済むかを考えることが大切になってきます。例えば、高速バスの場合だと、飛行機や新幹線と比べて費用が安くおさえられるでしょう。また、飛行機の場合でも、早割プランや格安航空会社を活用することで安価に移動することが可能です。

企業は移動交通費を負担してくれる？

企業によっては、移動にかかる交通費を負担してくれる場合があります。ただし、そのルールは企業によって異なります。全く負担をしない企業もあれば、遠方から面接に来る応募者や最終面接の分のみ負担する、といった場合もあります。負担金額については、全額を負担してもらえる場合と、一部だけを負担してくれる場合とがあります。また、交通費の支給に対して領収書が必要になる場合もありますので、領収書をもらっておくようにしましょう。会社のルールの提示がない場合は、メールなどで確認してみるとよいでしょう。

移動手段の選び方

移動する手段を選ぶときは、費用だけではなく、移動時間と疲れやすさについても考えておく必要があります。いくら安くても、移動に疲れた身体で面接に臨み、本来の力を発揮できないようでは本末転倒です。深夜バスなどの方法も選択肢の1つですが、最終的には、その移動方法で、自分が疲れずに面接で力を発揮できそうかで判断しましょう。また、移動手段だけではなく、前日から宿泊することも視野に入れ、最大限に力を発揮できるやり方を見つけていきましょう。

第 9 章

さまざまな人に伴走してもらおう

周囲にサポートしてもらうための心がまえ

ここがポイント

- サポートしてもらう就職活動も選択肢の1つに加えてみましょう。
- 最終の意思決定はあなた自身で行うことが大切です。
- 意見の背景まで聞くことで、新しい気づきが得られます。

サポートを受けながら進める就職活動もある

発達特性のある人が就職活動を行うとき、発達特性や苦手に寄り添ってサポートしてくれる人や支援機関を利用することが有効な場合があります。

この章では、そうしたサポートをしてくれる支援機関の特徴や活用方法について紹介しています。就職活動にはさまざまな課題が発生することがあります。1人で就職活動を進めるのが不安な場合や、うまくいかない場合に、1つの選択肢として「サポートを受ける」ことを考えてみてください。なお、1人で就職活動を進められる場合でも、第三者の意見を聞くことで新たな気づきが生まれる可能性もあります。そういった目的でサポートを受けるのもよいでしょう。

あくまでも自分主体であることを念頭に

サポートしてくれる人は、あなたに気づきを与えてくれる存在です。ただし、その前提として、「自分自身がどうしたいのかという意思」と、「最終的な意思決定は自分が行うものであるという認識」を持つことが大切です。サポートしてくれる人の意見にすべてを委ねると、うまくいかなかった時に納得できない部分が残ってしまうことがあります。サポートしてくれる人からの意見や助けを元にどんな行動をとるかを決めるのはあなたです。自分の人生のオーナーはあく

まで自分自身であると考えて、判断や行動をしていくことが大切です。

サポートしてくれる人から さまざまな気づきを得よう！

サポートしてくれる人とあなたとの間で、全く想像していなかった考えや意見が得られることがあるかもしれません。そのような場合において、相手の意見をそのまま受け止めるわけでも、拒否するのでもなく、なぜそのような意見をくれたのかを聞くことが大切です。意見の背景を聞くことで、あなたとサポートしてくれる人との間で共通認識を持てていないことに気づいたり、今まで見えていなかった新しい気づきが得られたりすることもあります。サポートしてくれる人の意見をどのように受け止めたらいいか迷った場合は、第三者の意見を聞いてみることも効果的でしょう。

2つに分けて考えよう

自分１人でできること	周囲のサポートがあると より効果的なこと
・自己分析 ・企業、業界分析 ・エントリーシートや履歴書の作成 ・スーツや小物の購入 ・セミナーへの出席 ・振り返りシートの作成 ・家族や支援機関への相談	・自己分析などに必要な客観的な意見 ・作成した書類のチェック ・面接練習 ・身だしなみのチェック ・うまくいかなかったときの軌道修正の相談

就職支援に関わるさまざまな支援機関

ここがポイント

- **無料で活用できるさまざまな支援機関があります。**
- **就職準備に加えて、就職後のサポートに関わってくれる支援機関もあります。**
- **各支援機関の特徴や活用のための条件をおさえて上手に活用しましょう。**

支援機関にはいろいろな種類がある

支援機関の種類として、公的な機関、民間の機関、大学などの所属先のサポート組織があります。また、国や都道府県などから民間機関やNPOなどが委託を受けて支援業務を行っている場合もあり、住んでいる地域によっても活用できる支援機関が異なります。これらの支援機関のサービスの多くは無料で活用できます。また、就職活動中だけではなく、就職後も相談に乗ってもらえることがあります。就職時は必要ないと思っても、就職した後に課題が発生する可能性もありますので、身近な支援機関とその特徴を知っておくとよいでしょう。

支援機関を活用するための条件は？

都道府県が設置した支援機関の場合は、その都道府県に住んでいることや、その都道府県内の学校や企業に在籍していることが条件になることがほとんどです。また、大学など所属先内にあるサポート組織の場合、在籍している間は活用できますが、卒業するなどして所属先が変わると使えないことが多いです。民間企業の場合はビジネスとして運営しているため、その民間企業を通して就職先を探すことが条件になっていることが多くなります。最終的にはそれぞれの機関に個別に確認することが必要ですが、活用できる条件を確認しておきましょう。

さまざまな支援機関の特徴と種類

	機関名	支援内容	対象者・特記事項
大学	キャリアセンター	キャリア・就職相談、就活セミナー、求人紹介、企業説明会の実施	新卒 既卒者（一部） ・在学生が対象 ・大学によって既卒生も利用可
大学	学生相談室、カウンセリングセンター	就職に関することに限らず、悩みごとや不安なことの相談	新卒
学外	ハローワーク（新卒応援ハローワークを含む）	就職相談、就活セミナー、求人紹介、企業説明会の実施	新卒 既卒者 ・卒業年次以降が対象 ・新卒応援ハローワークは、卒業から概ね3年以内
学外	都道府県・市区町村の就労支援センター	就活講座、職場実習、職業相談等の実施	新卒 既卒者 ・都道府県や市町村によって異なる
学外	民間の就職サイト、人材紹介会社	就職相談、求人紹介、企業説明会の実施	新卒 既卒者
学外	若者サポートステーション	就職に向けた相談、就労体験プログラムを実施	既卒者 ・15歳から39歳までが対象 ・在学中は利用不可
学外	職業訓練校	・職業訓練や就職支援を受けられる（条件を満たせば補助金などの優遇が受けられる） ・一定期間の通所が必要	既卒者

※発達障害の診断があれば活用できる支援機関もあります。詳細は151ページをご覧ください。

サポートしてくれる人や支援機関の探し方

ここがポイント

- **サポートしてくれる支援機関を調べ、問い合わせてみましょう。**
- **ニーズに応じて支援機関を使い分けましょう。**
- **サポートしてくれる人との信頼関係づくりには継続性も大切です。**

支援機関を選ぶコツは？

サポートしてくれる支援機関は、知名度や実績だけでなく、自分に必要なサポートを実施しているかという観点で選びましょう。図のように、世の中には多くの支援機関があります。気になる支援機関があれば問い合わせたり、実際に話を聞きに行ったりするとよいでしょう。

支援機関を使い分けよう

必要とするすべてのサポートを1つの支援機関で満たせるかといえば、難しいことが多いでしょう。例えば、就職活動の計画づくりはキャリアセンターに相談し、就職先を探すのは人材紹介会社を活用するなど、支援機関の使い分けも必要です。また、実際に相談している中で、想定していたサポートと違うと感じることもあり得ます。納得して進められる場合はそのまま進めるといいですが、「やはり想定していたサポートを受けたい」という場合は、別の支援機関を探すことも視野に入れましょう。

また、自分に必要なサポートを受けるには、担当者と円滑に意思疎通ができるための信頼関係が大切です。支援機関によって担当制のところとそうでないところに分かれますが、担当制でなくても、決まった曜日に行くと同じ人が担当してくれて次の予約ができることもあります。同じ担当者に継続して支援してもらうことで、相談がしやすい関係性を築きましょう。

ニーズにあわせて機関を使い分けよう

困りごと・ニーズ	主な支援機関
・何から手をつけていいかわからない ・エントリーシートが書けない ・どこの企業を受けていいかわからない	・キャリアセンター（在学中のみ） ・ハローワーク ・民間の人材紹介会社 ・都道府県 ・市町村の就労支援センター
・就活セミナーを受けたい	・キャリアセンター（在学中のみ） ・ハローワーク ・都道府県・市町村の就労支援センター
・自分に合った仕事を探したい	・ハローワーク ・民間の就職サイト、人材紹介会社 ・都道府県・市町村の就労支援センター
・職業スキルをアップしてから、自分に合った職場や働き方を見つけたい	・若者サポートステーション ・職業訓練校 （ともに在学中は使えない）
・就職活動にとらわれず、学業や生活の悩みも相談したい	・相談室（在学中のみ） ・カウンセリングセンター（在学中のみ）

自分の困りごとを
サポートしてくれる
機関はどこだろう？

コラム

もしも仕事を辞めてしまったら

転職準備は失業手当をもらいながら

せっかく入った会社も、さまざまな事情から退職することがあります。収入が途絶えてしまい生活が厳しくなるかもしれません。そんな時は失業手当をもらえないか調べましょう。失業手当は、次の就職先が決まらないまま会社を退職して就職活動を行う場合に受け取ることができます。金額は在職中の給与の50〜80%程度、給付を受けられる期間は90〜330日の間です。

失業手当をもらうための条件を知ろう

失業手当の金額は自己都合退職か会社都合退職か、勤務期間がどれくらいかによって異なります。

自己都合退職とは、家庭の都合や仕事が合わないことなどにより、自ら退職を申し出た場合の退職です。過去勤めていた会社での雇用保険への加入が、直近2年間で12か月以上あることが必要になります。これは1社だけではなく、2年の間に複数社またいでいてもOKです。離職後3か月間は、「給付制限期間」として、失業手当をもらえず、4か月目から手当をもらえます。

会社都合退職とは、解雇やリストラ、倒産などにより仕事がなくなった場合の退職です。自己都合退職より手当をもらえるための条件が緩く、雇用保険に加入していた期間が退職前の1年間で6か月以上あれば、離職後すぐに失業手当がもらえます。

失業保険給付までのステップとは?

受給資格の有無はハローワークが判断します。自己都合退職であっても正当な理由がある場合は、離職後すぐに失業手当をもらえることもあります(複雑な条件もあるので、詳細はハローワークに確認しましょう)。手続きは、まず離職に関する各種書類を準備して居住地の近くにあるハローワークを訪問します。求職の申し込みを行った後、準備した各種書類を提出します。その後、離職理由に基づいて、失業手当の受給資格の決定がなされます。さらに、説明会への参加、失業認定日の決定、ハローワークでの手続きを経て、失業手当が振り込まれます。

第10章

障害者雇用という道がある

（配慮を受けながら働きたい方向け）

障害者雇用について知っておこう

ここがポイント

- 障害者雇用では障害者が働きやすくなるための配慮が行われます。
- 障害者雇用で就職を考える場合は、障害者手帳が必要になります。
- 一般雇用と障害者雇用の内容、採用プロセスを理解した上で進めましょう。

障害者雇用を選択肢に加えよう

世の中には多くの求人がありますが、「総合職」という言葉に代表されるように、幅広い業務に取り組む求人も多くあります。仮に発達特性上向いていない仕事を担当することになると、うまくこなせなず、精神的な不安を抱えてしまうことがあるかもしれません。また、転職者であれば過去に周りの理解や配慮が得られず、苦しい思いをした経験があるかもしれません。一般雇用で働くことが難しいと感じる場合は、障害者雇用も選択肢に入れておきましょう。障害者雇用とは、職場環境面の工夫や専門家の配置などを通して、障害特性への配慮が行われる雇用形態です。

障害者雇用ってこんなもの！

企業は企業規模に応じて障害者を雇用する「義務」があるため（詳細は146ページ参照）、障害者の働きやすさに配慮した雇用を行う必要があります。職場に特別な休憩スペースがあったり、精神保健福祉士やジョブコーチなどの専門家がいたりと、働きやすさを実現するための取り組みがあります。図のように、一般の企業以外にも特例子会社、就労継続支援A型事業所など、障害者雇用に特化した法人もあります。ただし障害者雇用に応募するには、「障害者手帳」が必要です。障害者雇用での就職を考えていてまだ障害者手帳を取得していない方は、152ページを確認しましょう。

どちらも知った上で判断しよう

障害者雇用を考えるきっかけは人それぞれです。例えば、「一般雇用でうまくいかなかったため、配慮を受けて仕事をしたい」と考える方や、「一般雇用は不安なので最初から障害者雇用を選ぶ」という方もいます。一般雇用と障害者雇用はどちらがいいというものではないので、「自分に合う雇用はどちらか」という視点で考えましょう。一言で障害者雇用といっても、事業内容や仕事内容、雇用形態はさまざまです。また、障害者雇用は採用プロセスに実習やインターンが多用される傾向にあり、職場とのマッチングの面で職場をよく知れるというメリットがあります。就職活動では、一般雇用と障害者雇用のどちらかに絞ることも、両方を視野に入れることも可能です。自分に合ったやり方を探しましょう。

障害者雇用の形態

1 通常の企業内で働く形態

民間企業や公的機関

- 通常の企業や公的機関の職場内で働く
- 他の社員と同じ職場で机を並べて働く場合や、障害のある社員を集めた部署で働く場合などがある

2 環境が整備された法人や事業所で働く形態

特例子会社

- 企業が障害者の雇用促進のために設立した会社
- 大企業の子会社であることが多い
- 障害者が数多く採用されていることがほとんど
- 障害者が働きやすい環境やサポート体制が整っている

就労継続支援A型事業所

- 企業やNPO、社会福祉法人が運営する
- 就労と福祉の中間的なサービス
- 福祉の制度を活用している場合、支援のためのスタッフが一定割合で必ず配置されており、障害者が働きやすいサポート体制が整っている

※就労継続支援にはA型とB型とがある
A型…雇用契約で最低賃金が保証される
B型…雇用契約を結ばず、報酬は「工賃」として支払われ最低賃金を下回ることがある

障害者雇用の現状

ここがポイント

- 企業は人材の有効活用や社会的責任の観点から、障害者雇用を推進しています。
- 障害者雇用人数は17年連続増加しており、継続的に増加傾向にあります。
- 特に精神・発達障害者の雇用人数は増加しています。

企業には障害者を雇用する義務がある

従業員数が45・5人以上の企業には、従業員規模に応じて、障害者を雇用する義務があります。この一企業における障害者雇用率を、法定雇用率ともいいます。2021年1月現在、民間企業の法定雇用率は2・2%となっており、2021年3月に2・3%まで引き上げられる計画となっています。その他に、公的機関でも法定雇用率が規定されており、2021年1月現在、2・5%となっており、こちらも2021年3月に2・6%に引き上げられる予定です。原則として、「週30時間以上働く障害者を1人」、「週20時間以上30時間未満働く障害者を0・5人」としてカウントします（障害種別によって、カウントの計算方法が異なる場合があります）。

従業員数が100名以上にもかかわらず法定雇用率に満たない企業は、納付金が徴収されます。企業は人材の有効活用に加えて、社会的責任の観点からも障害者雇用を進める必要があるのです。

障害者雇用の人数は年々増加している

2020年6月1日時点の障害者雇用者数は約56万609人、各企業の雇用率の平均は2・11%となっており、障害者雇用者数は、17年連続で過去最高を更新しており年々拡大していることがわかります。また、企業規模が大きくなるにつ

れて雇用率が上がる傾向もあります。

発達障害を含む精神障害のある人の雇用が進みつつある

障害者雇用者数は障害種別で分類されており、身体障害、知的障害、精神障害に分けられています。発達障害は単独で集計はされておらず、主に精神障害のカテゴリに含まれます。

２０１９年の障害種別の雇用数をみると、身体障害者は35・4万人、知的障害者は12・8万人、精神障害者は7・8万人となっています。雇用数を10年前と比較すると、身体障害が1・3倍、知的障害が2・2倍、精神障害が9・8倍となっています。

精神・発達障害者の雇用では、母数となる人数が増えていること、障害への理解が進んできたことから、雇用の伸び率が大きくなっていると考えられます。

精神・発達障害者の雇用数は伸びている

障害者雇用の推移

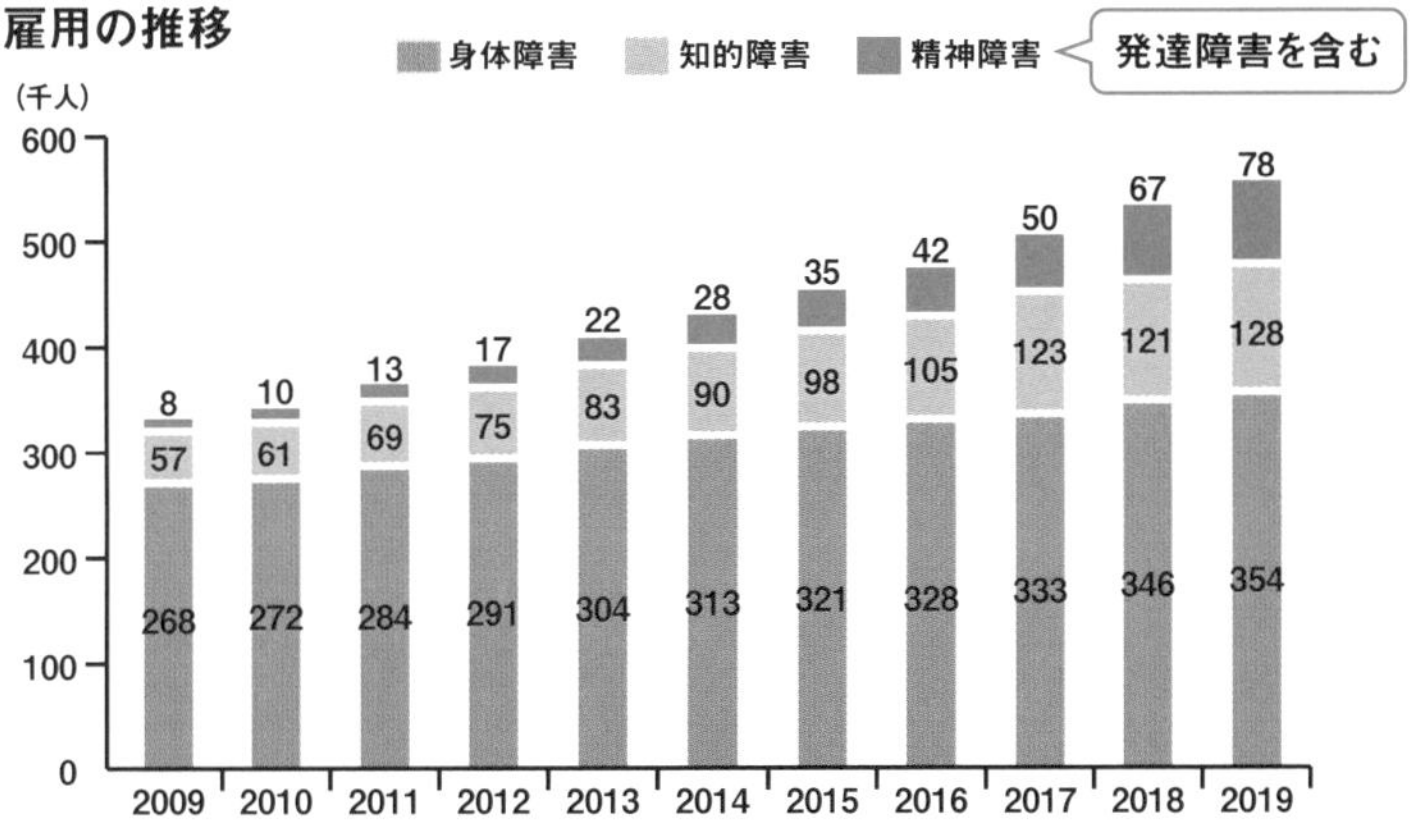
身体障害
知的障害
精神障害
発達障害を含む
（千人）
600
500
400
300
200
100
0
2009 268 57 8
2010 272 61 10
2011 284 69 13
2012 291 75 17
2013 304 83 22
2014 313 90 28
2015 321 98 35
2016 328 105 42
2017 333 123 50
2018 346 121 67
2019 354 128 78

ハローワークを経由した障害種別の採用割合（2019年）

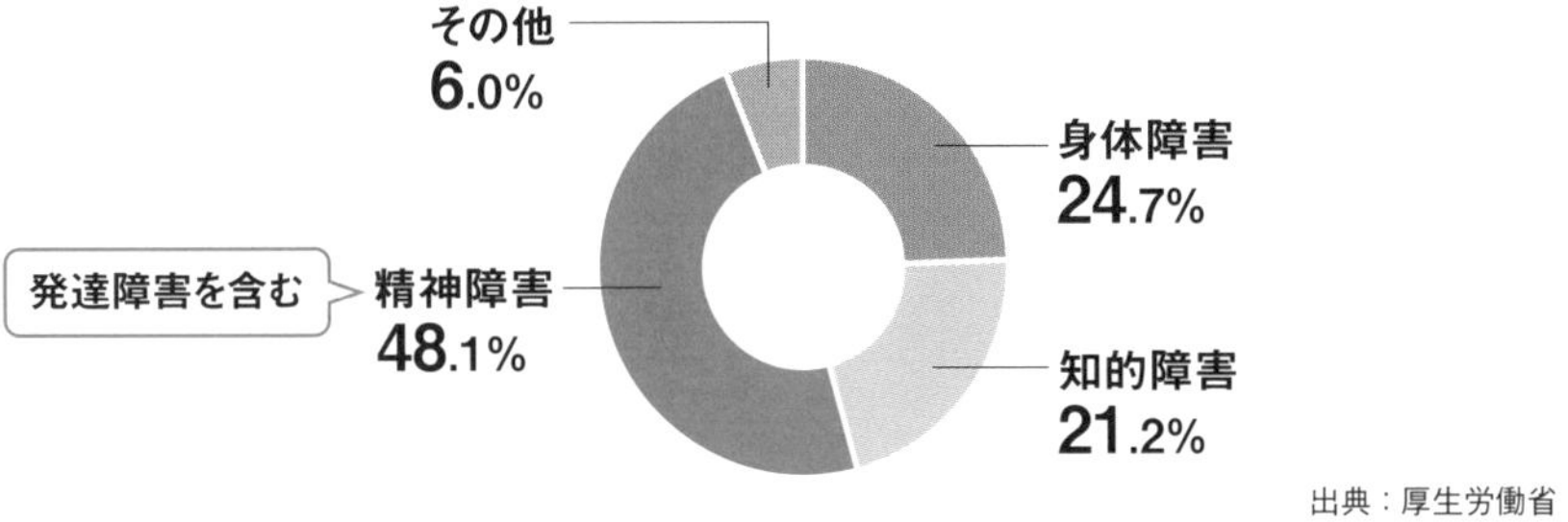
その他
6.0%
身体障害
24.7%
発達障害を含む
精神障害
48.1%
知的障害
21.2%

出典：厚生労働省

障害者雇用と一般雇用の違いを理解しておこう

ここがポイント

- 一般雇用は、多様な業種や職種の求人、キャリアアップできる求人があります。
- 障害者雇用は、配慮を受けながら、強みを活かすことができるのが特徴です。
- 長く働き続けられるかを考えて、雇用の実態を見極めましょう。

一般雇用のメリットとデメリットは？

まず一般雇用の利点は、求人数が多く多様な業種や職種にチャレンジできることがあげられます。またキャリアアップの制度が整っていることが多く、長く働き続けると、さまざまなスキルが身につく、給与が向上する、昇進するなど可能性が広がります。

一方、社員に対しては、より成果が求められるため、多様な業務への従事が必要になる可能性が高くなります。その中で、発達特性上苦手な業務に従事することになったり、異動が発生したりした場合は、職場に適応できず早期退職につながることも少なくありません。

障害者雇用のメリットとデメリットは？

最大の利点は、発達特性への配慮を求めることができる点です。データ入力など特定の業務に特化した求人もありますので、発達特性における強みを活かしやすくなります。パートやアルバイト、契約社員からスタートすることもありますが、正社員へのステップが用意されている企業も増えています。近年は雇用条件も改善してきており、一般求人と変わらない条件も出てきています。

一方、勤務年数が長くなっても、待遇面や業務内容が変わらないことが多いのも事実です。昇進やスキルアップをしたいと思っている方にとっては物足りない

ことがあるかもしれません。しかし、最近は、待遇面の向上や、キャリア形成に対しても問題意識を持って取り組む企業が増えているため、今後徐々に改善していく可能性があるでしょう。

職場や雇用実態を見極めよう

就職活動の際、最も大切にしたいのは、職場に適応して働き続けることができるかどうかです。一般雇用のほうが、待遇面や業務内容がよく見えますが、それも職場で長く働き続けることができて初めて価値を持ちます。見極めのポイントを図で紹介しているので、ヒントにしてみてください。障害者雇用の場合、正社員でなくても、雇用契約を更新しながら長く働き続けることができる求人も多いです。雇用形態にとらわれず、会社に雇用の実態を確認しながら、正確な情報をもとに判断しましょう。

一般雇用と障害者雇用の違い

一般雇用		障害者雇用
多い	求人数	・一般雇用に比べて少ない ・障害者雇用率の向上などにより、求人数は増加傾向
・多種多様 ・業務内容の変更や異動が発生する可能性が高い ・発達特性上の苦手としている業務を求められる場合あり	職種	・一般事務や軽作業などに限定されることが多い（大卒の新卒求人は総合職求人も多い） ・得意なことに特化できる（発達障害の強みを活かした仕事に特化できることがある）
・正社員が多く、給与も比較的よい ・成長に応じてキャリアアップの仕組みがあることが多い	雇用形態・条件・キャリアアップ	・契約社員・アルバイト雇用が多い（大卒の新卒求人は正社員雇用が多い） ・継続雇用の仕組みが整っていることも多い ・正社員雇用が増えつつある ・勤務年数を経ても、待遇や業務内容が変わらないことがある
正社員の場合、フルタイムが基本	勤務時間	・フルタイムと短時間勤務がある ・個人の状況に合わせて勤務時間を調整してもらえることもある
・過度な配慮は期待できない ・他の社員と同じ条件で働き、同じように成果も求められる	周囲の理解や配慮	・必要な配慮を受けやすい ・ジョブコーチなど第三者のサポートを受けられることもある
こんな人に向いている 周囲からの配慮がなくても、業務の変更や異動に工夫・適応して成果を上げることができる人		こんな人に向いている 周囲からの配慮がある環境で、業務内容も得意なことに限定して進めたい人

障害者雇用における就職活動の進め方

ここがポイント

- 障害者雇用には、求人の探し方や採用プロセスが一般雇用と違うところがあります。
- 障害者支援に特化した支援機関を活用することが内定までの近道です。
- 就職活動を進める中で、医師の診断書や障害者手帳が必要になることがあります。

進め方は一般の就職活動と同じ

基本的な進め方は一般の就職活動と変わりません。違いは求人自体が別枠であることと、採用のプロセスが異なることです。求人を見つけるには、専門の就職サイトや人材紹介会社などを活用するとよいでしょう。企業によっては業務内容や雇用管理の点から、例えば、身体障害者に限定した雇用を想定していることがあります。応募するときは、過去にどのような障害種別の人を採用したことがあるかを確認しましょう。応募段階で障害者手帳が必要になることが多いため、早めの準備が必要です。また、業務スキルや職場になじめるかを見るため、実習やインターンシップが実施されることがあります。配慮事項についても聞かれるので回答を準備しておきましょう。

支援機関を有効に活用しよう

障害者の就労支援に特化した支援機関は充実しています。条件として医師の診断書が必要なところが多いですが、例外もあります。診断がない人もまずは問い合わせてみましょう。また、障害者雇用を行う企業には、支援機関を経由したり、障害者専門の支援を受けたりして初めて応募できる企業が一定数あることも知っておきましょう。なお、これらの支援機関を活用する際、必ずしも障害者雇用を目指さなくても構いません。一般の就職活動の場合もサポートが欲しいときは活用を検討することができます。

障害者雇用を支援してくれる機関の種類

	機関名	支援内容	対象者・特記事項
学内	キャリアセンター	キャリア・就職相談、就活セミナー、求人紹介、企業説明会の実施	新卒 既卒者（一部） 障害の診断は問わない。大学によって、障害者雇用に関する支援は障害学生支援室が一括で行うケース有
学内	学生相談室、カウンセリングセンター	就職に関することに限らず、悩み事や不安なことの相談が可能	
学内	障害学生支援室	就職に関することに限らず、悩み事や不安なことの相談が可能	新卒 既卒者（一部） 大学によっては障害の診断の有無を問わない場合もある
学外	ハローワーク（専門援助部門）	就職相談、就活セミナー、求人紹介、企業説明会の実施	新卒 既卒者 卒業年次以降、活用できる
学外	都道府県・市区町村の就労支援センター	就活講座、職場実習、職業相談等の実施	新卒（一部） 既卒者（一部） 障害者雇用の対応は、居住する都道府県や市区町村により異なる
学外	障害者雇用に特化した民間の就職サイト・人材紹介	就職相談、求人紹介、企業説明会の実施	新卒 既卒者
学外	障害者職業センター	現在の職業スキルの評価、就職後、職場定着のためにジョブコーチ支援を実施	新卒 既卒者 卒業年次以降、活用できる
学外	就労移行支援事業所	・職業訓練、就職活動全般の支援、就職後の定着支援まで総合的支援を行う ・一定期間の通所が必要	新卒（一部） 既卒者 卒業年次の学生が対象になることもある
学外	障害者就業・生活支援センター	就職相談に加えて、生活面も含めた、トータルの支援を行う	既卒者
学外	職業訓練校	・職業訓練や就職支援を受けられる（条件を満たせば補助金などの優遇が受けられる） ・一定期間の通所が必要	既卒者

障害者手帳の取り方

ここがポイント

- 発達障害のある方は主に精神障害者保健福祉手帳の取得を行います。
- 日常生活上と就労上において、障害者手帳を取得するメリットがあります。
- 自分から言わなければ、障害者手帳を持っていることが周囲に伝わる心配はありません。

障害者手帳ってなに？

知的障害を伴わない発達障害のある方が障害者手帳を取得する場合、主に「精神障害者保健福祉手帳」を取得します。手帳の有効期限は2年で、更新には手続きが必要です。精神障害者保健福祉手帳を取得するためには、事前に精神科や心療内科で医師の診断を受けることが必要です。しかしすべての精神科や心療内科で発達障害の診断が可能なわけではないため、インターネットなどで、発達障害の診断が可能な医療機関を探しておきましょう。また、障害者手帳を取得するには、初診日から6か月以上経過していることが必要になります。診断で知的障害と精神疾患が両方あると判断された場合は、療育手帳・精神障害者保健福祉手帳両方の手帳を受けることもあります。

障害者手帳を取得することのメリット

〈日常生活上のメリット〉

①交通機関によっては、運賃の全額または半額免除が受けられます。また公的施設や民間サービス施設でも障害者割引が受けられる可能性があります（各交通機関や施設の基準による）。

②所得税や住民税など、税制上の優遇を受けられる場合があります（各行政のルールによる）。

〈就労におけるメリット〉

①障害者雇用枠で就職することができます。障害者雇用枠での就職は、働き方や

通院などの配慮を受けやすく、発達障害のある方で、配慮があった方が働きやすい方にとっては、大きなメリットがあります。

障害者手帳を取得するか迷っている方へ

障害者手帳を取得することに迷いがある場合、「差別や偏見があるかもしれない」「必要性をそれほど感じない」といった考えを持つ方もいるかもしれません。しかし手帳の取得は自分から伝えなければ周りに知られることはないので心配ありません。また一般雇用で就職した場合、企業に障害者手帳を持っていることを伝えなくても構いません。

障害者手帳の取得には、病院への初診から最低でも半年以上かかるため、障害者雇用を考えている場合は早めに取得の手続きを始めることをおすすめします。

障害者手帳の取得方法

1 申請可能か初診日を確認

精神障害者保健福祉手帳の申請をするには、初診から6か月以上経過している必要あり

↓

2 申請書をもらう

申請には必ず医師の診断書（精神障害者保健福祉手帳用）が必要。
フォーマットは障害福祉の担当窓口でもらうか、市区町村等のHPからダウンロードする

↓

3 主治医・専門医に診断書を記入してもらう

2 で入手したフォーマットを、主治医や専門医に記入してもらう

↓

4 申請（申請から手帳の受け取りまでは一般的に2〜3か月を要する）

住んでいる地域の障害福祉の担当窓口で申請を行う。「申請書」「診断書」「写真」「マイナンバー」「必要書類」が必要。必要書類は住んでいる市区町村の HPをチェックしておく

↓

5 審査

診断書を元に審査が行われ、交付の可否や障害等級が決定する

↓

6 手帳を受け取る

審査の可否を問わず、交付通知書が届く。手帳の交付が決定したら、記載されている日時に住んでいる地域の障害福祉の担当窓口に出向き障害者手帳を受け取る

ハローワークの活用方法

ここがポイント

- 障害者雇用での就職を目指すのに、ハローワークの活用は有効です。
- 直接ハローワークに訪問して求職者登録を行いましょう。
- ハローワークや関係機関のセミナー、訓練カリキュラムを積極的に利用しましょう。

障害者雇用で就職を目指すときの有力な選択肢

ハローワークとは、求職者に対して、無料で職業相談や職業紹介を行ってくれる場所です。障害者雇用に関しても多くの求人や支援があるので、障害者雇用での就職活動を行う上で、有力な選択肢になります。一般の窓口の他に、障害のある人の求職支援を専門に行ってくれる窓口（専門援助部門）があります。どの窓口に行くのが適切かわからないときは、総合窓口に相談しましょう。

まずは求職者登録をしよう！

ハローワークは事前の予約は不要です。ハローワークに行ったら、まず求職申込書に記入し、求職者登録を行います。その際、個人のプロフィールに加え、希望する職種や雇用条件などの情報を登録します。登録を行うと、ハローワークカードが発行され、そこに求職番号が記載されています。求職番号をハローワーク訪問時に伝えることで手続きがスムーズになりますし、インターネット上での求人の検索も行えます。

どのように活用すればいい？

窓口では、担当者に就職についての相談を行うことができます。自分の希望や悩みを伝えることで、進め方を一緒に考えてもらえます。また、応募書類の書き方や応募先についてもアドバイスをもらえるでしょう。求人はハローワークのパ

ソコンから自分で検索して探す方法もあります。応募したい求人が決まったら、担当者から「紹介状」を発行してもらった上で、企業に応募しましょう。

その他に、就職活動に役立つ情報を得られます。例えばハローワーク主催の

- **職業訓練**
- **自己理解・職業理解のためのセミナー**
- **採用を見据えた合同説明会**

などがあります。また、ハローワークは関係機関と連携を図っているため、関係機関が行う就職活動に役立つセミナーやイベント情報が手に入ります。就職に向けたトレーニングや職業評価を行う機関の具体的な情報（例えば、就職実績やトレーニングの雰囲気、どんな方を対象にしているかといった情報）については、インターネットだけでは得られないこともあります。ハローワークを介した生の情報を参考にしましょう。

ハローワークの活用方法の例

困りごと	サポート	内容
面接が不安 応募資料がうまく作成できない	キャリア相談	・面接に不安や苦手意識がある就活生／転職者が、面接の練習を行うことができる ・面接の受け答え、伝わりやすい話し方・マナーなどについて具体的なアドバイスを受けられる
	各種セミナー	・ハローワークが主催するセミナーに加え、地域の就労支援センターなど、地域の支援機関が実施するセミナーの情報を取得する（障害者雇用に特化したものもある） ・自分の困りごとに対応したセミナーに参加することが可能
就職できるスキルがあるか不安	職業訓練の紹介	・ハローワークと面談を行い、必要な訓練カリキュラムの紹介を受けられる ・訓練には、パソコン系、事務系、機械系、介護福祉、デザインなど、さまざまな種類があり、障害者雇用に特化したものもある ・訓練校独自の、卒業後の就職サポートも受けられる
障害者雇用を考えている企業と出会いたい	障害者向け合同面接会	・年に数回、障害者雇用を考える、多くの企業が一堂に会して行われる面接会が各地域で開催される ・各企業がブースを設けているので、興味のある企業に応募できる

「障害特性」について伝える

ここがポイント

- **自身の障害のネガティブな部分だけを伝えないようにしましょう。**
- **自身で行っている工夫や必要な配慮を書きましょう。**
- **受けたい配慮を伝える際、「成果を上げるため」といった視点を持つことで、前向きに伝わります。**

障害内容や障害特性を伝えるときの注意

障害者雇用の場合、他の障害の特性も総称して「障害特性」という言葉を使いますので、ここでは発達特性ではなく「障害特性」という言葉を使用します。

障害者雇用での就職を目指す場合は、障害内容や障害特性について文章で書いたり、口頭で説明したりすることが求められます。自身の障害内容や障害特性を伝える際に気をつけなければいけないのは、自身の障害のネガティブな面ばかり見せてしまうことや、自身で行っている工夫や必要とする配慮について何も触れないことです。障害があっても工夫や配慮さえあれば、支障なく活動できることもあるので、前向きに伝えるようにしましょう。

障害特性・自身の工夫・受けたい配慮の伝え方

企業が障害特性について知りたい理由として次の内容があげられます。

- **どのような配属先や担当業務が向いているかを考えるため**
- **職場環境やサポート体制を整えるため**

したがって、入社後に具体的に何を配慮すれば活躍ができそうかをイメージしてもらうことが大切です。このことにより、仕事をしやすくなるのはもちろん、心理面での安心感を得ることができ、パフォーマンスを発揮しやすくなります。よって、障害特性とその特性による困難

さが出そうな場面、そしてその場面で必要となりそうな工夫や配慮を企業に伝えることが大切です。

伝え方のポイント

企業に苦手なことや配慮が必要なことを伝える際にはコツがあります。相手に配慮だけを求めるのではなく、業務上の成果を上げるために必要である、という目的を念頭に置きながら伝えることです。伝え方のポイントとして、次の3点を意識しましょう。

- **自分にとって成果を上げる上で障壁になりそうなことは○○である**
- **それに対して、自分なりに○○といった工夫や努力をしている**
- **○○などの配慮や環境調整があれば成果に近づける**

目的が明確であれば、企業は配慮を前向きに考えやすくなるでしょう。

障害内容／障害特性／配慮の書き方の例

障害内容	診断名	自閉スペクトラム症（2017年4月 診断）
	障害者手帳	精神障害者保健福祉手帳 3級（2018年10月 取得）
	通院先	○○クリニック
	通院頻度	3か月に1回（平日）
	服薬等	睡眠薬（眠れないときのみ服用）

障害特性と配慮		特性や困難さが出そうな場面	工夫や努力をしていること・配慮をお願いしたいこと
	1	大きな音がする場所での作業は、人の話を正しく聞きとりづらく、集中しづらいことがあります。	・普段から人の話を注意深く聞くようにしています。 ・作業の指示や説明などは、できるだけ静かな場所でしていただけると助かります。
	2	業務内容をきちんと理解してからでないと、物事を進めるのにとまどってしまうことがあります。	・業務内容を理解できるように指示内容のメモを取るようにしています。 ・指示をいただく際は、なるべく順を追ってゆっくりと説明していただけるとありがたいです。
	3	話しかけるタイミングがつかめないときや、自分の考えを整理できないときに、質問や相談を躊躇することがあります。	・自分の考えをまとめて記録してから質問するようにしています。 ・躊躇している様子が見られた際は一声かけていただけると助かります。

コラム

企業で受けられる合理的配慮とは

企業で受けられる合理的配慮の例

障害者雇用の場合、企業には合理的配慮を提供する義務があります。合理的配慮とは、障害のある人の特徴に応じて表れる困難さを取り除くための調整や変更のことです。日本では、障害者差別解消法や障害者雇用促進法において、事業者に合理的配慮の提供義務が課されています。発達障害の特性は1人ひとり違うため、理想としては個人の特性に基づく配慮を受けられればよいのですが、配慮の形は企業によってさまざまです。配慮の例として

- **設備面の配慮**（例：集中できるように机の周りに囲いをつける）
- **就業時間に関する配慮**（例：2時間ごとに10分休憩を入れる）
- **コミュニケーションに関する配慮**（例：文字やＰＣを使った情報伝達）
- **業務内容に関する配慮**（例：業務範囲を限定する）
- **指導に関する配慮**（例：定期面談等）

などがあります。

障害者雇用と一般雇用における配慮の違いはなんだろう

障害者雇用で入社した場合は、企業も障害に対する一定の理解があり、必要な配慮について相談に乗ってもらえます。一方で、一般雇用で入社した場合は、企業の既存のやり方やルールを変えてまで配慮をしてもらえる可能性は低いのが現状です。ただし、その配慮が会社にとっても個人にとっても効果が上がる・効率的であると判断されれば、配慮を行ってもらえる可能性もあるでしょう。

合理的配慮を受けるには？

合理的配慮を希望するには、まず障害のある方本人または家族からの意思表明が必要です。その上で、本人と企業の相談によって内容を決めて実施、見直し、改善を行うという流れです。そのため、発達障害のある方は自身の発達特性や、企業に調整・変更してほしいことを意思表明できるようにすることが必要です。合理的配慮は企業にとって過重な負担のない範囲で取り組むことになっていますので、すべての配慮が受けられるとは限らないということも知っておきましょう。

第11章

就職活動を成功させたあなたへ

内定をもらえたらどうすればいいか

ここがポイント

- 入社の手続きは、会社の指示に従い、抜け漏れのないように行いましょう。
- 最も大切なのは心身ともに準備が整った状態で、入社日を迎えることです。
- スムーズに仕事を始めるための準備をしましょう。

入社までの基本的な手続き

入社が決まると、ほぼすべての会社で書類の提出を求められます。必要な書類と提出期限がわかったら、すぐに行動をおこしましょう。なかには再発行が必要なもの、取得までに時間がかかるものもあるかもしれません。

・手元に書類があるかどうか
・各書類の取得にかかる大体の時間

まずはこれだけでも確認しておくと安心です。やることを後回しにする傾向がある方は、早めの行動を意識しておきましょう。

また、通常は入社までに健康診断書の提出が求められますので、指定された要件の健康診断の受診が必要です。既に会社が指定する要件にあった健康診断を受診済みの場合は、代用可能なこともあります。さらに、障害者雇用で就職する場合は障害者手帳が必要です。

心身ともに整った状態で入社日を迎える

入社日は心身ともに準備が整った状態で迎えることが大切です。入社後の生活に早くなじむために、就寝時間や食事などの生活習慣を乱さないように心がけましょう。

また、期待と同時に「仕事内容をきちんとこなせるだろうか?」「周囲とうまくコミュニケーションをとれるだろうか?」といった不安もあるかと思います。スムーズに仕事を始めるために、例

えば、入社する会社や業界のことをインターネットで調べたり、会社の人とやり取りをする際に必要となるスキルを聞いて学習したりしておくのも有効でしょう。それ以外にも、入社予定の企業と同じような仕事のインターンシップやアルバイトに参加することで、業務に慣れておいてもよいかもしれません。

今しかできないことをやろう!

一度入社してしまうと、当面は仕事に慣れる必要がありますし、長期間まとまった休暇も取りにくくなります。この機会にしかできない趣味でリフレッシュしておくとよいでしょう。ただし、入社時にいきなり趣味の活動で疲れてしまっていては本来の力を発揮できません。余力を持ちながら行動しましょう。

入社時に必要な書類一覧

ほとんどの会社で提出が必要な書類

- □卒業証明書 ※新卒のみ
- □住民票記載事項証明書（住民票の写し）
- □年金手帳
- □個人番号カード（マイナンバーカード）
- □給与振込先届出書
- □扶養控除等申告書
- □健康保険被扶養者異動届（扶養家族がいる場合のみ）
- □源泉徴収票（前年度分） ※新卒は前年度にアルバイトをしていた場合のみ
- □雇用保険被保険者証（保険証） ※新卒はアルバイト等で雇用保険に加入していた場合のみ

会社によって提出が必要な書類

- □入社誓約書
- □健康診断書
- □身元保証書
- □通勤交通費申請書
- □免許・資格関連の証明書

障害者雇用の場合

- □障害者手帳のコピー

社会人としてのスタートを切る前に

ここがポイント

- 社会人としてのスタートを切るにあたって、不安を安心に変えるポイントをおさえましょう。
- 社内の人や社外の人を頼って、課題を解決しましょう。
- 成長しようとする姿勢が大切です。少しずつでもできることを増やしましょう。

不安を安心に変える方法をおさえよう

無事に入社する企業が決まったみなさんは、希望や期待に満ち溢れていることでしょう。一方で、職場にうまくなじめるか不安に感じる方もいるかもしれません。「わからないことがあるときに、上司に相談できるだろうか?」「同期や先輩とうまく関係を築けるだろうか?」「仕事ができないと、すぐに辞めさせられてしまうのではないか?」、こんな心配が頭を覆ってしまうと、自分には仕事が向いていないのではないか、と落ち込むこともあるかもしれません。そんなときに役に立つ不安を安心に変える方法をおさえておきましょう。

周囲の人にどんどん頼ろう

まず、会社で一緒に働く人たちは、頼れる味方であるという視点を持ちましょう。上司や先輩は、新しく入社する人に対して「居心地を悪くしてやろう」「辞めさせてやろう」とは思っていません。むしろ、「不安に思っていないだろうか」「自分に何かできることはないだろうか」と思っていて、みなさんが助けを求めれば必ず応えてくれます。何がわからないのか、何が不安なのか、どうすればうまくいくのかを一緒に考えてくれる味方だと思いましょう。その視点を持つことで、周りへの不安は、頼もしい味方がいる安心感に変わっていきます。

次に、社外でも相談できる人をつくり

ましょう。特に最初のうちは視野が狭くなってしまいがちで、何か課題があったときに、自分だけでいい解決策を見つけられるとは限りません。家族や友人などの他、普段から相談に乗ってくれる人などに相談してみてください。解決策を見つけるだけではなく、伴走的に関わってくれる誰かがいることで、心の不安が取り除かれて安心につながっていきます。

「のびしろ」があるから成長できる

企業はあなたののびしろに期待して採用をしています。はじめの数週間から数か月で仕事が完璧にできないからといって落ち込む必要は全くありません。大切なのは成長しようとする姿勢を持つことです。毎日少しずつでもできることを増やしていけば、成果や自信はおのずとついてくるでしょう。

不安を安心に変えるための3つのポイント

1 周囲の人に頼ろう

- 会社の上司や先輩は、頼れる味方であるという視点を持つ
- わからないことや不安なことは自分から相談をする
- 余裕がありそうなときを見計らって声をかける
- 「いま質問してもよろしいでしょうか」などと確認する
- 話を聞いてもらった後には、必ずお礼を忘れずに

2 伴走的に関わってくれる人を見つけよう

- 相談相手を見つける
- 社内の人でも社外の人でもOK
- 些細なことでも相談に乗ってくれる人がいると心理的な安心感につながる

3 成長しようとする姿勢を持とう

- 目の前のミスや失敗にとらわれない
- 長期的な視点で同じミスを繰り返さないためにどうすればいいか考えることが大切
- できたことを見える化していく

→できたことが増えるたびに、リスト化していくことなどによって自信をつけていく

長く働き続けるために

ここがポイント

- 課題が発生しやすいタイミングを理解しておき、対策を考えておきましょう。
- 特に入社直後は、自分の認識が正しいかどうか注意しながら進めましょう。
- 苦手なことを周囲に伝えられる環境であれば伝えて協力を得ましょう。

課題が発生しやすいタイミングを知っておく

長く働き続けるために、注意をしておきたいタイミングが2つあります。1つ目は就職したてのときです。職場に慣れ、仕事内容について学んだり、周囲と関係を築いたりするのに一定の時間がかかることがあるので、心身の健康や生活リズムの安定に気をつけて日々を過ごしましょう。もう1つは、自分自身をとりまく環境が変化するときです。例えば、

○仕事面

業務内容が変わった／上司が変わった／職場が変わった

○生活面

1人暮らしを始めた／結婚した

などのタイミングがあげられます。変化に影響を受けやすい方も多いと思いますので、新しい変化や環境に慣れていくことを重視するとよいでしょう。

自分が正しいと思いこまない！

自分の認識と周囲の認識のズレが大きいほど、職場でうまくいかない可能性が増えます。例えば、仕事でミスをしてしまっても、自己判断でたいしたことはないと判断してしまい、気づかないうちに問題が大きくなってしまう、といったことがあげられます。学校と会社では前提やルールが違いますし、転職の場合も会社が違えば以前の常識が全く通用しないこともよくあります。最初は自分の認識やり方が正しいかどうか、疑ってかか

るぐらいでちょうどいいでしょう。周囲との意思疎通が進み、経験を積んでくれば、徐々にその企業のルールを理解していくことができるようになります。

苦手なことは周囲の協力を得よう

障害者雇用での入社など、苦手なことを周囲に伝えられる環境であれば、周囲に知っておいてもらったほうがよいでしょう。企業には多くの社員が働いています。一緒に働く同僚にも知ってもらっておくことで、周囲も気をつけられるようになるので、あなたの働きやすさにつながります。ただし、苦手なことに対して、自分で努力や工夫をしている姿勢や、成長への意欲、周囲に貢献する姿勢を見せることが大切です。そのような姿勢を見せることで、周囲のサポートが必要なときに協力を得やすくなります。

環境が変化したときの対応策

○仕事面

環境の変化	対策
業務内容が変わった	新たな業務について学んでいく必要がある。業務マニュアルをつくるなどして、業務を覚える努力をしよう
上司が変わった	上司によっては仕事の進め方が異なる可能性がある。指示を受けた場合は、認識や理解があっているかこまめに確認する、上司と面談の際などに報連相のやり方を確認するなどの対策を取ろう
職場が変わった	職場が変わると、業務内容だけではなく周りで働く人たちも変わる。周りの人たちとコミュニケーションを取り、関係性を構築しよう

○生活面

環境の変化	対策
1人暮らしを始めた	1人暮らしを始めることで生活リズムが乱れることがある。1日単位/1週間単位での家事のスケジュールを作成しておこう
結婚した	自分のペースで生活ができなくなる可能性がある。生活リズムでゆずれない点、相手との役割分担など、お互いに確認しておこう

本書内容に関するお問い合わせについて

このたびは翔泳社の書籍をお買い上げいただき、誠にありがとうございます。弊社では、読者の皆様からのお問い合わせに適切に対応させていただくため、以下のガイドラインへのご協力をお願い致しております。下記項目をお読みいただき、手順に従ってお問い合わせください。

● ご質問される前に

弊社Webサイトの「正誤表」をご参照ください。
これまでに判明した正誤や追加情報を掲載しています。

正誤表　https://www.shoeisha.co.jp/book/errata/

● ご質問方法

弊社Webサイトの「刊行物Q&A」をご利用ください。

刊行物 Q&A　https://www.shoeisha.co.jp/book/qa/

インターネットをご利用でない場合は、FAXまたは郵便にて、下記“翔泳社 愛読者サービスセンター”までお問い合わせください。
電話でのご質問は、お受けしておりません。

● 回答について

回答は、ご質問いただいた手段によってご返事申し上げます。ご質問の内容によっては、回答に数日ないしはそれ以上の期間を要する場合があります。

● ご質問に際してのご注意

本書の対象を越えるもの、記述個所を特定されないもの、また読者固有の環境に起因するご質問等にはお答えできませんので、予めご了承ください。

● 郵便物送付先およびFAX番号

送付先住所　〒160-0006　東京都新宿区舟町5

FAX番号　03-5362-3818

宛先　(株)翔泳社 愛読者サービスセンター

※本書の出版にあたっては正確な記述につとめましたが、著者や出版社などのいずれも、本書の内容に対してなんらかの保証をするものではなく、内容やサンプルに基づくいかなる運用結果に関してもいっさいの責任を負いません。

著者プロフィール

窪 貴志（くぼ たかし）

株式会社エンカレッジ代表取締役。福祉事業所や企業への障害者雇用コンサルティングを実施する中で、発達障害のある方の就労の現状に問題意識を持ち、株式会社エンカレッジを設立。発達障害のある学生の支援を皮切りに、発達障害の診断や障害者手帳の有無に関わらず、誰しもが働きやすい社会づくりの実現に向けて取り組んでいる。発達障害支援や障害者雇用に関わるセミナーやコンサルティングの実績多数。

高橋 亜希子（たかはし あきこ）

株式会社エンカレッジ取締役。就労移行支援事業所エンカレッジ統括所長並びに、大学生向けの就職プログラム、就労相談に従事。前職で、重度の知的障害を伴う自閉症の人たちへの生活支援、幼児・学齢期の個別療育、発達障害者支援センターで就労相談に携わり、その後、発達障害のある人に特化した就労移行支援事業を立ち上げる。2010 年米国ノースカロライナ大 TEACCH Autism Program サポーテッドエンプロイメント（援助付き雇用）プログラムでインターン。自閉症や発達障害のある人の支援者向けの研修、家族向けの講演会等も行う。

山本 愛子（やまもと あいこ）

株式会社エンカレッジ所属。学生時代からボランティア活動や被災地支援に取り組み、2013 年から障害学生のキャリア支援に携わるようになる。2014 年に株式会社エンカレッジに入社。就労移行支援事業所で障害者の就労支援を行いながら、これまで 1000 人以上の発達障害やコミュニケーションが苦手な学生・若者の支援に携わる。最近では、障害学生のキャリア支援を早期に取り組むことができないかに課題意識を持ち、国公立大学、私立大学での学生向け講座や、個別の就職サポートなどを行っている。

株式会社エンカレッジ

発達障害のある人や働きづらさを抱えた人の就職支援を行う。就労移行支援事業所の運営、発達障害学生などのための就職活動支援プログラム、全障害学生の就活支援、ジョブマッチングの ICT プラットフォーム開発などに幅広く取り組む。

https://en-c.jp/

■ 会員特典データのご案内

就職活動で使っていただける便利な特典をご用意しました。本書の内容とあわせて、自己分析や面接練習にお役立てください。

会員特典データは、以下のサイトからダウンロードして入手いただけます。

https://www.shoeisha.co.jp/book/present/9784798163017

■ 購入特典PDF

「コロナ時代の就職活動Q&A」

「ネガポジ変換辞典」

「書き込んで使えるワークシート集」

※会員特典データのダウンロードには、SHOEISHA iD（翔泳社が運営する無料の会員制度）への会員登録が必要です。詳しくは、Webサイトをご覧ください。
※会員特典データに関する権利は著者および株式会社翔泳社が所有しています。許可なく配布したり、Webサイトに転載することはできません。
※会員特典データの提供は予告なく終了することがあります。あらかじめご了承ください。

デザイン・DTP　福田明日実、松崎理（yd）
イラスト　山内庸資

ちょっとしたコツでうまくいく！

発達障害の人のための就活ハック

2021年 1月20日 初版第1刷発行
2021年 3月20日 初版第2刷発行

著者　窪《くぼ》 貴志《たかし》
高橋《たかはし》 亜希子《あきこ》
山本《やまもと》 愛子《あいこ》

発行人　佐々木 幹夫
発行所　株式会社 翔泳社（https://www.shoeisha.co.jp）
印刷・製本　日経印刷株式会社

本書へのお問い合わせについては、166ページに記載の内容をお読みください。

造本には細心の注意を払っておりますが、万一、乱丁（ページの順序違い）や落丁（ページの抜け）がございましたら、お取り替えいたします。
03-5362-3705 までご連絡ください。

ISBN978-4-7981-6301-7
Printed in Japan